寇培深詩聯集

寇培深著
鄭文惠主編

文史哲出版社印行

寇培深詩聯集

詩歌

寇培深年譜

獲國家文藝獎與嚴前總統家淦先生合影

謝東閔先生至歷史博物館參觀先生的書法展

榮獲國家文藝獎與
姚夢谷先生、陶萃權先生合影

張大千先生至歷史博物館參觀先生的書法展

中國書學苑師生聯展與
蔣緯國先生、陶萃權先生合影

上課時揮毫

與姚夢谷先生在臺東社教館當場揮毫

張群先生至歷史博物館參觀先生的梅畫展

京都美術館個展與翁倩玉小姐、行德友太、行德哲男先生等合影

中國書學苑新春團拜

中國書學苑新春團拜

四言聯對

月　梅

紅　梅

序一

「一樓紅梅安斯居，滿懷新象養天年」，這是老師盲、癱之後第五個新年所做的春聯。這時老師的病情已嚴重得癱在床上，連翻身都得靠人幫忙，然而他的人卻依然開朗豁達、瀟灑自如、談笑風生、妙語如珠，經常逗人開心，讓大家捧腹大笑。

「來時不知何處，歸去滿面春風。一日哇哇墜地，抓筆再寫文公。」這是老師安慰我們不要以他的病情憂慮的一首詩，最後他果然是滿面春風的歸去了，然而何時再哇哇墜地，再寫〈文公〉呢？

我們出版這本《詩聯集》的目的，只是在紀念老師的四度目盲及二度中風（第一次七十五年元月，第二次八十年十二月），那樣勇敢的、有毅力的與病魔交戰、搏鬥的心路歷程，如詩裡云：「四度目盲心已疲」、「書人失明奈何天」、「那有風癱樂如斯」等句看了讓人心酸。通常一個人如果患一種重病，如中風或眼盲，就是了不得的大病了，而老師卻同時患了二種大病，既盲且癱（因糖尿病引發併發症，老師糖尿病有五十年的歷史），在這樣的處境下，不但沒有怨天尤人，反而樂觀的、快樂的、風趣的迎向人生。一方面繼續教學生，並做出千首以上的詩聯，這樣的精神怎不叫人敬佩！老師盲後寫詩是很困難的，不能查詩韻，也沒有參考資料，只能從週邊的環境，過去的回憶、朋友、師生間的談話或收音機的廣播等找些靈感，無論這些詩寫得如何，總是老師一片至真、至誠、至性的心聲。

當時老師寫這些詩，並未計畫有一天要出版，只是在病中抒發情緒自娛，也讓學生開心而已，一個又癱又盲的病人除了讓他用用腦、寫寫詩、罵罵人，又能做些什麼呢？老師盲後因分不清白天、晚上，所以生活習性與常人完全相反，大部分睡眠在白天，晚上則精神較好，疼痛也較多，全身的皮膚經常整夜的癢，用任何藥均無效，我就得幫他抓、幫他按摩、翻身、聊天、記詩文等等讓他稍忘痛苦。有時我已累得精疲力竭，睏得眼皮睜不開了，但是就在這時他卻跟我說快拿紙筆來，我又有一首詩了，而我實在太累了，就不是太情願的起來，趕快胡亂記一下，應付應付，心想只要讓他高興就好了，那管得了詞句內容詩韻如何推敲，只想快點記好回床上躺著。當時為了鼓勵老師多用腦筋免得癡呆，所以每當老師完成一首詩，我就誇讚他：「老師，你寫的詩比李白、杜甫還要好，自然寫實不做作，又有真感情，老師你太棒了，現在你已經寫了好幾百首了，我們來破古人紀錄寫千首詩好不好。」老師就滿意的、高興的再去創作了。（很多人說老師這些詩根本是被我騙出來的（一笑）），這千首詩大半是在這種情況下寫的。另一種情形是天氣好、精神好，我們就讓他坐著輪椅到陽臺去晒太陽，「輪椅迎賓又一辰」，給他一些紙筆讓他隨便寫，他因看不見，寫得歪七扭八，或疊在一起；或離好遠，認都很難認，我們要猜半天也不一定猜出是什麼字，有時實在猜不出就問老師，但他多半已忘了寫什麼，就笑罵我說，明明寫的大大的、工工整整的（他常把字寫的像螞蟻搬物那麼小），怎會認不出來，一定是我書讀得太少太沒學問了。

現在我們居然真的整理出上千首老師的遺作，實在不易。經書班同學商量，還是照老師當時的原作出版，不管韻律協不協調了，更何況我們也不會作詩，無從改起，書班學長又太客氣也不肯改，就這樣出版吧！反正只為紀念而已，這本《詩聯集》中定會有些不到之處，如錯字錯韻或錯錄前人句等等，都怪我沒會通老師之意，在當時沒細心的記錄，現在後悔也來不及了，只盼諸位前輩先進同道讀者多多包涵指正。

民國八十八年五月**陳曉珍**於安斯居

序二

培深師的詩集即將付梓了，陳小姐要我把老師在寫這些詩時的情況說明一下，我思量再三，從何說起呢？老師究竟是在何種情況下，詩才泉湧，僅兩三年的時間，寫出這千首詩！雖然我追隨老師廿年，但要探討他老人家的內心世界，確不是一件容易的事。

培深師一生閱歷豐富，知識淵博，並有超人的智慧。早年勿論是從政或經商，均有輝煌的成就；晚年投入藝事，更是成就非凡，誇他詩書畫三絕，絕非溢美之詞。其中除書法自小就有基礎外，繪畫和寫詩，都是晚年才開發出來的。尤其是寫詩，六十歲以前，培深師很少寫詩。寫詩，是他來臺灣定居，從姚夢谷先生研習作詩後才再開始的，學作詩的時間並不長，但他天賦異稟，很快就能作詩。最初除自作題畫詩外，也教中國書學苑的同學們作詩。但不幸，培深師僅剩的一隻左眼，在二次中風後不久就失明了。自雙目失明到他溘然辭世之間，有六年多的時間。前三年他的體力尚好，因此，他並沒有忘情於書法，把大部分精力仍用在寫字上，偶而也寫詩，但不多。寫字，憑感覺寫，初可寫中堂或條幅；後來只能寫較大字的對聯；再後只能寫一兩個字的辭句，直到他完全沒有體力，一天廿四小時都躺在床上，此時，他開始大量寫詩。陳小姐在時，他口述由陳小姐記錄；陳小姐有事不在時，他自己摸索著寫，但常常字不成形，一個字分作兩半，而且距離很遠。我們拿來拼湊半天，才摸清楚是什麼字。我去山上看他時，若詩興來了，他就叫我記錄。這千首詩就是這樣寫出來的。

培深師的詩雖然小部分在韻律方面有待斟酌，曾一度想找人修飾，但經過研商後一致認為，勿需過於遷就韻律，因為每一首詩都是老師的真情流露，以原貌問世，才彌足珍貴，相信大家皆有同感吧？

民國八十八年五月姚禮榮謹序

序三

太山先生是書畫名家，揚名東瀛，享譽中外，我有緣結識攀交，是在他中風之後六十八歲的高齡。當時，摯友李威熊先生主持政大中文系系務，邀請他到學校演講，先生弘揚書道的熱忱和藝術生命力的旺盛，令我印象深刻。

當時，先生正好受教育部暨孔孟學會之邀，開設教師書法研習班，而內子芳蘭正醉心書學，我就鼓吹她到先生的研習班學習，內子乃有幸對先生執以弟子之禮。但因為研習班的學員有許多是我在政大中文系教過的學生，他們都呼內子為師母，於是先生也以「簡師母」稱之，對她特別禮遇。

後來，書法研習班有所併遷，遷到新店，內子因往返不便，不得已成為中輟生，但彼此來往並未中輟，內人還曾經下廚請先生賞光。先生這時也還在政大有系列之講座。民國八十年，我應師生之要求，經學校教評會通過，以先生為中文系函聘兼任教授，改演講系列為正式課程，先生也為此特擬一套新的教材。只惜先生因二度中風，未能授完課程，未能留下完整的教材內容，這不但是政大的損失，也是中國書學損失。民國八十四年，我接任文學院長，先生幾近全盲，還主動為我榜書「如意」二字，署名盲叟，令我相當感動。次年，偕內子與學生同去拜訪先生，先生又主動許諾我，在他視力有起色之後，將為我寫大幅的蘇東坡〈念奴嬌〉詞，不意先生體力日衰，以致離我們遠去，我也就無緣得此珍品，但萬萬沒想到在他的遺作中，有三首詩是送給我們夫婦的。

感到意外的，應該不只我們夫婦。據悉，先生是在幾近全盲，又完全無法站立之後，才轉而作詩的。在短短兩三年間，詩逾千首，先生藝術生命力之豐沛，由此可見。在中國歷代藝術家中，除王維「詩中有畫，畫中有詩」之外，不乏書畫雙絕，甚或書畫詩三絕的。在高層次的藝術領域中，境界是可以相互融通的。所以我們對先生的詩自有深切的期待。

記得我讀師範學校的時候，有一位國文老師書法頗負盛名，學生求墨寶絡繹於途。他卻說，「你們只知道我的字好，卻不曉得我的畫比字好，而且我的詩比畫更為佳妙。」言下頗為寂寞，是因為大家沒有看過他詩作的關係。先生以書畫享譽宇內，如今又將有詩集行世，使我們得以見到一位藝術家多方面的藝術成就，先生也可以因此獲得更多的知音。那麼先生之全盲，失之東隅，未嘗沒有收之桑榆。在先生詩集面世前夕，特為之序。

民國九十年四月十六日**簡宗梧**謹序於蘭竹軒

序四　書畫永留香

民國七十一年，培深先生甫從日本返國醫治眼疾。曾先後應邀在國立藝術館、歷史博物館舉行書法個展；因先生功力深厚，又得方圓筆法之妙，尤以草書、行書堪稱二絕，書壇為之轟動。旋獲國家文藝獎，並榮聘為全省美展評審委員。其間還每週抽空一次到歷史博物館講授書法，言教、心教兼身教，深受學員愛戴。當時余因忝負政大中文系系務，並兼任中華民國孔孟學會執行祕書，為弘揚固有文化，每週晚上在建中辦有經學班、書法班。明知先生眼睛有疾，但在學員盛情下忍心力邀，還是欣然答應蒞臨講授。書藝妙道，在先生談笑風聲中，各有所得。如今事隔二十年，先生風采，依然歷歷重現眼前。

先生出自書香世家，自幼即喜書法。由於才情橫溢，又勤臨碑帖，中小學時已儼然成家，後畢業於廣州中山大學建築系。臺灣光復，隨嚴前總統來臺，主持北部港灣重建業務。四十三年因病赴日求醫，遂僑居異邦三十年。在經營事業之暇，仍不忘以書藝自娛，其間曾受邀在經聯、京都、西武等名藝術館舉辦書展，佳評如潮湧。日本前首相田中、中曾根等名流，均喜求先生之墨寶，懸之辦公或壁家處所，以光門楣。對中日文化交流，貢獻至鉅。

梅花是我們的國花，它冰肌玉骨，堅貞脫俗。先生除精於書道外，又鍾愛寒梅，客居東瀛時，喜到處尋幽訪梅、畫梅；筆下紅梅如火，鐵幹虬枝，氣韻生動，獨樹一格。回國後，曾應全國推廣梅花運動委員會、陳立夫、蔣緯國、田家炳文教基金會之邀，舉行梅花特展，對發揚國魂、敦厚民風，當有深遠之影響。

宋黃山谷曾說：「人品不高，用墨無法」。先生胸懷磊落，雖客居異邦，但仍不忘本根，一心以弘揚固有文化之精髓為己任。僑居日本期間，雖為眼疾所苦，但仍孜孜於書畫。後因大千先生之推介，回榮總接受名醫治療，初雖穩住病情，然後來幾近全盲，卻為推展書藝，不遺餘力。首先成立「中華書學苑」，又在孔學會、教育部、孔孟學會、政大中文系、田家炳文教基金會等開設書法講座。先生常言，近百多年來中華文化飄零，今唯獨書藝，最具傳統文化特色，又可修身養性，因此發心帶病弘道，直至死而後已，情真感人。

雖然人生無常，但德業應可不朽。先生逝世已多年，但留給後人者，有無價的書畫墨寶，以及弘揚書藝的毅力情操，還有不少雋永的聯語詩作，可洗滌人心，啟發智慧。今蒙弟子們彙成專集，一來便於展覽，二來也讓社會大眾有機會同仰先生磅礡的生命力量和高風亮節。「山河不改色，書畫永留香」，先生之精神足以不朽矣！

民國九十年四月**李威熊**謹序

序五　詩情光日月　筆力動乾坤

——培公老師其人其詩其書其畫

培公老師以書畫名世，晚年更創作大量的詩聯，聯近五百，詩逾千首。老師的人格、志向與心理、情感，及豐富獨特的書畫理論於斯盡露無遺。老師辭世前幾年，即命我整理其詩聯稿。因此我對老師念茲在茲的薪傳之志與堅毅、高潔的人格節操及滿腔濃熾的家國情懷感受至深。老師精深而超絕的書畫作品與見解，自當有其歷史地位；而其殘而不廢、超拔於俗的人格氣象，尤足引為典範。

民國八年(一九一九)培公老師出生於青州世家。四歲啟蒙，由祖父研青公親授四書、五經、《春秋》、《左傳》、《史記》

等，天資聰慧，過目成誦，能所會通。五歲隨研青公習書法，臨〈溫彥博碑〉、〈雲麾將軍碑〉、顏真卿、柳公權等，並隨之曬書畫、學鑑賞、辨真偽；九歲隨二舅唐璞、表哥金知人研習〈鄭文公〉、〈楊大眼〉、〈張遷〉、二爨、南北二銘、〈石鼓〉以及〈聖教序〉等碑帖，根基深植。禮賢中學畢業後，考取燕京大學。旋因七七事變，北京情勢危急，回返青島大學借讀。復因戰亂，再轉往上海大同大學就讀，由化工系轉土木系。上海保衛戰起，又轉赴廣東中山大學就讀。畢業後，於戰亂中跋涉千山萬水，經數月始抵重慶，出任青年女子農校校長，後任職資源委員會。抗日戰爭結束後，隨嚴前總統家淦先生來臺辦理接收。初任交通處港灣科科長，旋調基隆港務局工程師，後升任蘇澳港主管、花蓮港代局長等職。任職期間，任事認真，事必躬親。因修港工程，長年浸泡海水中，致罹患嚴重風濕症而請辭，改行業商。後因大陸局勢逆轉，父母滯留大陸，為探尋父母及治療風濕，於四十三年舉家移居日本。十六年間忙於商務，卻不忘書畫創作，並傾力收藏古字畫精品計八千餘件。無論書畫之名或鑑賞之精，均享譽東瀛，日本政經界及僑界俱以求其墨寶懸飾為榮。四十四年，於東京結識國畫大師張大千先生，談書論畫，甚為投契。五十九年，長子車禍喪生，頓感人生之無常，乃盡棄事業，返臺專事書畫創作，並教授書法、梅畫，肩承文化薪傳之重責大任。六十七年，因糖尿病引發視網膜出血，左眼失明；七十一年，受託以中華民國名義致贈美國雷根總統及參眾兩院各一幅巨梅圖。因趕繪畫作，三晝夜不眠不休，導致眼底出血；又接連帶領學生遠赴臺南香蕉山梅嶺寫生搜稿，由於不敵旅途勞困，眼底大量湧血，半年不能作畫；七十四年六月，創立中國書學苑，志在傳承書畫，旋在七十五年元月不幸中風；八十年二度中風，左半身癱瘓，眼底出血，幾近全盲，至八十七年辭世。

培公老師六十歲後，歷經二度中風，四度眼盲，仍堅毅不輟地持續書畫之創作及薪傳。曾先後榮獲僑委會頒贈海光獎、文化復興委員會特別貢獻獎、第九屆國家文藝獎（書法類）；出任歷史博物館書畫評審委員、全省美展評審委員、中華民國畫學會秘書長等職，並多次在臺灣、大陸、日本舉行書畫個展。直到辭世前兩三年間完全無法站立，更轉而大量寫詩，展現另一藝術天分。

是書之編，即輯錄培公老師中晚年所作之詩聯。老師中年詩作不多；晚年因教授梅畫及療病養身、自娛娛人之用，乃轉而作詩。詩多由老師口述，陳曉珍小姐紀錄，是書之有成，實多歸功於陳曉珍小姐。惟老師詩聯多隨興之作，是編仍不免缺漏，當有待來日補遺。

培公老師詩聯繁多，又多無詩題，故為方便讀者閱讀，有詩題者，明列之；詩題略者，知曉其意，則補全。全編先列對聯，再及詩歌，並以主題方式呈現。然因各主題間難免有所疊滲，讀者當能諒察。

對聯計分述懷、修養、處世、閒適、翰墨、品藻、鑑誡、題贈八類。〈述懷聯〉多呈現老師忘情勢利，寓意詩書之懷。其中尤以薪傳之願、載道之想、承古之志及豪情壯志之氣慨與忘機悟道之體會為主；〈修養聯〉多反身修德、勉學勵志、怡情養性之語，充分顯現老師知足無求、澄懷養氣、清心澹泊之襟懷；〈處世聯〉多達人情、明世故之語；〈閒適聯〉多寫景觀物之情與身閒心逸之境；〈翰墨聯〉多闡發「書畫同源，天人合一」、「師法造化、妙得心源」之理，及詩書畫之創作，並言明筆法大宗及書畫與禪之關係；〈品藻聯〉多品鑑作家與作品之品格，並辯證「法」與「古」之關係，尤著重作品脫俗之境；〈鑑誡聯〉多著墨於社會之亂象及藝壇之俗化，而多所針砭、鑑誡。〈題贈聯〉中，贈予學生之聯語，多表達安家祝福之意；贈予靜心小學之聯，則呈現其薪傳之志。

詩歌分言志、述懷、論書、論畫、紀遊、詠物、閒適、酬贈、悼念、諷時、鑑誡十一類。〈言志詩〉多表現其絕名利之心及承古、薪傳之志。〈述懷詩〉多國愁家恨之語、觀物理人情之得，及自述與書畫之緣。在遭病魔摧折之際，老師更面對、思考、超脫人生之悲苦，而悟通生死之意義與人生之價值，此均盡現於其中。〈論書詩〉多身遠名利，游藝尺素之自剖及書法筆法、章法、結構等闡析。〈論畫詩〉多師法自然及以書入畫之論述，並評價歷來畫梅大家之筆法與成就。〈紀遊詩〉乃老師數十年來遍遊海內外之紀錄，多風土人情之描繪，兼及韶華流逝之感懷。〈詠物詩〉以歌詠梅花為主，盛贊梅花質雅孤高之清姿奇韻及堅貞之本心；又兼及詠松、荷、蘭、桃、櫻等。〈閒適詩〉多寫其讀書、弄墨、訪尋古情，渾與天地同體之閒適心境。〈酬贈詩〉多呈顯師生真摯之情及其與姚夢老、蔣緯國將軍等人之深刻情誼。〈悼念詩〉中，除悼念祖父、父親外，對張大千、臺靜農、姚夢老等亦感懷至深。〈諷時詩〉多傳達族類相殘、奸官污吏魚肉人民之悲憤，充分展現其憂國憂民之情懷；對於人性之崩壞、慾壑之滿填，尤多所寄諷；至於藝林各立謬論，自成門閥，搏取名利之現象，更語多針砭。〈鑑誡詩〉多鑑諷世人在得失布算中，棄捨通悟，袪除貪慾、罣累，行善渡人。綜觀其詩內蘊豐富、深刻，允為當代最後一位詩書畫兼擅的藝術家。《詩聯集》中充分展現老師的生命意志與人格氣象、薪傳之志與教育之功，以及書畫理論與三絕成就，茲論述如下：

一、生命意志與人格氣象

老師一生曾遭家國離亂，悲憤莫名；晚年又受病魔摧抑，肓癱攻身，然人生的諸多折難，並未毀墮老師的雄心與豪情，反而淬鍊出「頂天一窮儒，立地六淨根」、「詩情光日月，筆力動乾坤」（〈述懷聯〉四九、五四）的藝術巨人。

由於家國亂離，老師在顛沛、飄泊、愁窮之際，對家國尤多感懷。筆墨律動之間，老師滿腔濃熾的家國情懷，往往一一傾洩於筆端。「寄居南地暖，心繫故國寒」（〈述懷詩〉一一〇）、「病眼看花心不開，家愁淡去國愁來」（〈述懷詩〉三九五）等思懷家國的詩句極多，其中「故園垣瓦已無存，海上浮沈道曉昏。珍重傳家一管在，萬梅千樹為招魂。」（〈述懷詩〉二三九）一詩，尤悲切動人。老師青年時期在滬求學時，適外侮入侵，見蘇杭古梅，乃大發願心，奮寫國魂；於戰亂中跋涉千里，沿途目睹日軍暴行，繪成〈流亡圖〉，以抒悲憤之情，均可見其憂國憂民，悲天憫人的情懷。移居日本，又見其私竊中國書畫，痛其無根、無法、無師；對照之下，反見中國有根無葉之憾，乃毅然而然盡捨一切財富，返臺專事書畫創作與文化薪傳。其以書畫之作報國、以書畫薪傳永續文化之志，昭然若揭。在對舉於臺灣五〇、六〇年代西化思潮下，新儒家企圖建構儒家形而上學，並歸返現實，重新賦予民主、科學之儒學新義，以回應西方挑戰之際，培公老師盡棄一切，返臺薪傳書畫，真正實踐文化之承續，尤具深意。〈翰墨聯〉五六云：「學尊孔孟旨。」〈鑑識聯〉一一云：「島息天地氣，人違孔孟言。」〈言志詩〉五云：「敗俗西方來，駭聞諸亂象」。培公老師深切感受西化對中國人性情感與書畫之風的戕害，因而主張「炎黃道統必為源」（〈述懷詩〉一六五）。薪傳書畫，乃永續文化的實踐方式之一，而老師全心奮力為之，〈言志詩〉六五自云：「雙眼獨臂揮禿劍，誓退妖氛守孤城。」是可知老師實為新儒家之踐行者。

除了濃熾的家國情懷外，老師又是一位心思細密、性靈澄渟，又胸懷大度的藝術家。由於「性靈澄渟無爭戰」（〈述懷詩〉三八一），故能「靈心理萬機」（〈述懷聯〉七三），即使「人間嘈雜一如斯」，亦「亂裏能靜道力知」（〈述懷詩〉二〇〇）。除了一顆「靈心」外，老師又兼具「豪氣」與「道風」（〈述懷聯〉五六）。「豪情光日月，睿智定乾坤」、「滄海一粟任潮捲，白髮萬緒化禪心」（〈述懷聯〉五七、一〇七）二聯足以見出老師的睿智、豪情與道心；由於參禪悟道，故能領悟「萬物興衰天有律」之理，而「放懷展翼遊乾坤」（〈述懷詩〉一四九）；至於縈懷的過往，亦能體會「悲歡聚散各有由」，即使「緣盡」亦「坦然任去留」（〈述懷詩〉三二七）。晚年苦嚐身障、目盲之人生悲苦時，終能通悟「明晦皆有蒼天意」，而一笑釋懷。凡此堅毅超拔的意志與通脫豁達的胸襟，均肇因於老師摒棄名利，心寬自足，又隨遇而安之胸懷，故能通悟生死大關與人間情事。〈述懷詩〉一〇六有云：「生死置度外，名利踩身旁」；〈述懷詩〉六九亦云：「欲消心中累，先解生死謎。今世繫萬緣，無求轉神奇。」處亂世劫難中，培公老師「寧捨浮名求一淨」，嘗自云：「幸我尚闊達，隨時安所遇。生死一念通，名利何須慕。」（〈述懷詩〉一三八）由於不慕名利，通悟死生，故能自由展放生命之姿。〈述懷詩〉四三七云：「廣夏錦園物之累，虛名美譽情之監。詩書筆墨小天地，百年華貴一抹煙。」對舉於「廣廈錦園」、「虛名美譽」，詩書筆墨反逸出「物累」、「情監」之外，而具現自由生命之境。筆墨天地可說是老師「早忘身囚老病中」（〈述懷詩〉三三三）的寄與寓情之所，也是老師藉以寧神、療病的忘憂天地。

老師是一位重道義、真性情的藝術家。由於多情、重義，故有「緣深通來世，義重感高天」（〈述懷聯〉六三）、「多情招俗累，輕義本願違」（〈述懷詩〉五二）之領悟與執著，並外化為「鐵肩擔道義，正氣挽狂瀾」（〈述懷聯〉六六）之壯志與氣魄。即使七十五年首度中風，左手腳麻痺，經數月調養、復健，未盡康復，仍一意書畫薪傳，而回返書班上課，並書「弱體返少年，壯志到九十」（〈述懷聯〉八三）聯以自勵。此一心志也恒常顯現於老師艱苦與病魔搏鬥之際。〈述懷詩〉三五四云：「不懼長年搏病苦，時提心志勿消沈。院中籬下山花豔，告我來春色益真。」老師長年與病魔纏鬥，依然不改其豪情壯志，「隔海觀梅情千里，對天言志膽一身」（〈述懷聯〉一一一）、「八十笑看人間事，五更揮寫滿天雲」（〈述懷聯〉九六）等聯，流漾出老師志膽一身的性格與瀟灑自如的胸襟。在春禧節慶中，老師尤能翻出人生新境，並無歲月流逝之感傷。「又是一年春色，依然萬象輝光。」（〈述懷聯〉九一）道盡老師年年萬象輝光的昂揚之志，即便是盲、癱五年後的新春仍作了「一樓紅梅安斯居，滿懷新象養天年」（〈述懷聯〉一三〇）的聯語，呈現其滿懷新象以養天年之心境。老師澄澈如鏡的襟抱，實有著一種不同於凡人的樂天、達觀的生命向度，並深具生生不已的感發人的精神力度。

此外，老師又善觀物理、人情，〈述懷詩〉二四云：「吾壽暫如螢，放時空無爭。意眼人間事，微光識隱情。」老師藝術創作以意為之，即連人間事亦以意眼識情，故對塵土風波別有一番領略：「風波顯大道，塵土有至情」（〈述懷聯〉三九），顯見老師胸懷大道，心有至情的一面。在塵俗風波中，反而識見、洞察、領悟出大道之真義與至情之可貴，其善於體察物理、人情可見一斑，而此也化約為筆墨創作之可貴養料：「詩通物理行堪搜，道合天機坐可窺」（〈述懷聯〉一二三），使其作品覆載著主體品格的精神內涵與觀理悟道的人生哲理。

一位藝術家之所以足以成就出超拔於凡人之上的藝術地位，其人生歷程之磨難、淬鍊，自不同於凡人。然而，在人生之磨難、淬鍊中，惟有轉向自我、痛澈本性，方能成就不凡之藝術志業。培公老師對人生之思考、領悟，常直截面向自我本性，作深刻之自剖，而有通透之徹悟，如〈述懷詩〉二三二云：「忽悲忽笑如兒時，理亂情苦力不支。空屋蘭香坐老影，百重舊事再思維。」老師晚年大病，常回溯自我生命之過往，對於百重之舊事，反復思維，而痛澈自我「嗔痴入骨」（〈述懷詩〉一六〇）之本性，〈述懷詩〉七五云：「萬物循天律，無時不奇逸。獨何兆我甚，本性乃大敵。」由於痛澈「本性」之「大敵」，也才能領悟「聲色眩耳目，狂想滅本真。治得清溪在，潺潺長流存。」之理，而轉有「苦海濤浪緊，澄淨轉念間。心離虛幻象，千里一帆懸。」（〈述懷詩〉六一）之澄淨之心與人生新境。由痛澈「本性」之「嗔痴」，進而「忘我」，「自能悟古今」（〈述懷詩〉三一二），也才能體會「空虛境裏」之「真趣」（〈述懷詩〉三六一）。此既是人生進道之必經攀升之路，也是藝術展現新境所必涵具之審美心胸。培公老師「年老氣猶豪」（〈述懷詩〉

五〇），即使「新城高隱」，亦「萬丈雄心」（〈述懷詩〉三二四）。〈述懷詩〉四二五云：「龍蟄海角聽濤聲，卅載臥薪趺在淵。只等風雲齊來會，飛騰六合正坤乾。」最足以說明老師蓄勢待發之雄心壯志。其殘而不廢，堅毅不拔之生命意志，實令人感佩，而通悟之道心與豪情之壯志，更鑄就了老師與一般藝術家不同的人格氣象，尤令人景仰。

二、薪傳之志與教育之功

老師一生關切於書畫藝術之文化薪傳，為當代最重要的書畫教育家之一。在其《詩聯集》中，薪傳之志處處流溢於言表，如「傳薪不老，報國無私」、「目盲口傳薪，腕癲心執筆」、「承傳莫為己，褒貶盡在人」、「不為虛名生前後，但燃此生脈古今」（〈述懷聯〉一一、二七、三二、一〇九）等聯，以及「視覺愈衰志愈堅，肢軀雖老心猶歡。執著一念矢師表，要把古訣留人間。」「矢志授書正壯年，額懸山舍已三遷。無心雪泥留鴻爪，為留古法在人間。」「論畫授書一夢中，人離人聚總成空。老後深居不歇筆，執著仍為傳古風。」（〈言志詩〉四一、二五、三九）等詩，均充分顯現老師「天色任明暗，不移傳古情」（〈言志詩〉六）之志。老師曾言「殘年若有兩三載，仍將古法傳後儕」（〈言志詩〉六一），且自謂「授書千人梅五十，幾人得傳未可知。願見三兩承古法，不愧今生妄為師。」（〈言志詩〉五九）足見其薪傳之志。老師「一心承傳無他欲，豪情豈受病魔抑」（〈言志詩〉四三）及「傳古廿捨壽」（〈言志詩〉七）之志，實令人動容。老師「晚來傳書翰」，除了「周結百年緣」（〈言志詩〉一二）之外，「廿載捐俗念」（〈述懷詩〉八九），只為「千秋塑奇葩」（〈言志詩〉一七），使「書跡古今承」（〈述懷詩〉八九）。老師極注重承古創新之藝術軌式，主張「好的古典永遠是好的現代，好的創作永遠是好的傳統」（〈品藻聯〉二二），無傳統，即無創作，故以「守真務本」為「傳薪」（〈言志詩〉三〇）之基，惟恐學生闖入魔道，誤走歪風，如〈言志詩〉九云：「餘生一事珍，承古傳今人。慎勿闖魔道，悔時鬚髮銀。」四八云：「獨目半跛一臂殘，萬般心境訴筆端。餘生只為傳古法，不許歪風捲狂瀾。」均可看出老師告誡之殷與傳古之志。

培公老師先後應邀至孔學會、教育部、孔孟學會、田家炳文教基金會、政治大學中文系等講授書法，並創立中國書學苑，薪傳書畫。其傳薪之志，乃在嘗試建立一套教書畫的方法與典範，試圖掌握古法之精蘊，並勇於在古法之中創構出新的風格。為了達致此一目標，老師教學內容以書法、書論、書史、梅畫、畫論、美學、詩歌並重，講解獨到、細密，督促嚴厲、有法。即使半癱半盲時，仍窮其心智、精力，一一為學生解疑、示範。講到動情處，或淚泛盲眼，或仰天長笑，十足流露出對藝術薪傳的至性至情。培公老師授書千人，授梅五十，為達詩書畫同體不分之藝術境界，老師除了建立一套書法學習的進階外，又側重書畫同源之藝術理論，由書法進而教梅畫，兼及蘭、竹、菊四君子，並督促題詩，以為三絕藝術之最佳註腳。

書法方面，老師擬訂獨具的臨碑方向與程序，以為深植根基的依據。〈言志詩〉五六云：「前人名顯藝成後，今世塗鴉浪得名。欲築高樓置厚基，千年神木信天生。」根基厚實，才是成藝之道，塗鴉而浪得虛名，便如同幻影一般，隨時滅沒。因此，老師以為書法創作「自古植根無捷徑，筆不離手碑在心。」（〈述懷詩〉四七六）因而研訂學習書法之進階：先由歐陽詢〈溫彥博碑〉入手；次臨〈張猛龍〉碑額、碑文、碑陰，深得方筆翻折、頓挫、逆勢、澀進之法與造型欹正變化之軌，並加臨《龍門二十品》中〈始平公〉、〈魏靈藏〉、〈楊大眼〉、〈孫秋生〉、〈牛橛〉等造像，以窮方筆變化之全貌；次臨〈鄭文公〉碑額、碑文、碑陰，窮其圓筆點畫間曲折之美，及結構章法縱橫虛實之妙，並兼臨〈張黑女〉、〈崔敬邕〉、〈刁遵〉等墓誌及二爨等碑，以增強對北魏碑刻全貌之認識。待方圓用筆嫻熟後，即放手臨寫如〈瘞鶴銘〉、〈石門銘〉，和鄭道昭雲峰山刻石中之〈觀海童〉、〈論經書〉等摩崖大字，以壯氣勢；次上溯甲骨、鐘鼎、〈石鼓〉及〈禮器〉、〈張遷〉、〈乙瑛〉、〈石門〉、〈華山〉、〈西峽〉、〈郙閣〉、〈曹全〉等篆隸之用筆與造型，以證晉魏筆法之所宗；末則致力於行草之用筆、結構、力感、美感、氣勢等。前半鑽研王羲之〈集字聖教序〉，以為行草創作之重要依據與養分；後半則反復研察晉人、懷素、張旭、顏真卿、孫過庭、蘇軾、米芾、黃庭堅等大家名帖，以求融會通貫，化於腕下。凡此臨書進階，僅是書法創作之基礎、準備、手段和過程，書法創作最終仍須開創出自我風格，此為老師教導書法時所殷切叮嚀與期待的。

老師五歲隨祖父研青公臨〈溫彥博碑〉、〈雲麾將軍碑〉等碑，九歲隨其二舅唐璞、表哥金知人研習〈鄭文公〉、〈楊大眼〉、〈張遷〉、二爨、南北二銘、〈石鼓〉，以及〈聖教序〉等碑帖，書法根基於童年時早已深植，此一學習進階也深切影響到老師日後之書畫創作與教學。大抵老師書法教學由〈溫彥博碑〉入手，既有其深固的童年情結，也有其對書法學習的獨特領會。研青公乃清甲辰翰林，學識淵博，精書畫，富收藏。後因面對保皇、革命之抉擇而精神違常。研青公日午以前精神舒和時，常教授培公老師〈溫彥博碑〉等，老師藝術啟蒙於斯，故〈溫彥博碑〉一碑實是老師童年審美激蕩之難忘體驗，有其深刻持久性。〈論書詩〉四九即云：「虞恭公碑祖手傳，一點一畫刻心間。同搨偶得獲瑰寶，承古傳授賴此篇。」復以老師多年鑽研書道，深切體會〈溫彥博碑〉實可為筆法、結構入門之階，故引為學書之基。〈溫彥博碑〉全稱〈唐故特進尚書右僕射上柱國虞恭公溫公碑〉，為歐陽詢於唐貞觀十一年（六三七）八十一歲時書，是唐太宗昭陵陪葬碑之一，故頗為殘泐，然因此碑乃歐陽詢老年爐火純青之作，無論筆法之廣博、老練，或結構之完整、穩實，以及意態之精密、和婉等，不僅可視為歐陽詢集漢魏六朝筆法之大成，也可視為其自我風格代表作之一。〈溫彥博碑〉由點畫轉折至章法布置，融鑄了漢魏隸法與晉人風格，形神俱足，具肅穆、腴勁之風，可謂是轉入漢魏六朝筆法與風格的重要橋樑，此也是老師以為臨書入門之起點。

至於〈張猛龍碑〉，康有為《廣藝舟雙楫》言其「結構精絕，變化無端」，「為正體變態之宗。」〈張猛龍碑〉，用筆堅實，結體茂密，整鍊方折中，涵蘊雄強剛勁之風，實開唐楷之先河。老師由〈溫彥博碑〉入手，次及〈張猛龍碑〉，一則希望學生學習碑額大字勁健之用筆及開張之筆勢；二則學習正文奇正相生、舒斂互錯、既縱復擒之態勢，及橫畫取勢之勁力與隨字賦形之造型等；三則學習碑陰流宕脫俗、神采奇逸之神韻，用以掌握實而有力之方筆運筆原則。無論折翻、頓挫或逆勢、澀進，乃至於造型奇正變化軌則之講解與示範，均是為了引領學生由平正、齊整、溫婉之唐楷世界，轉入峻峭、險絕、雄秀的魏碑天地中。為了窮盡方筆之變化，復臨《龍門二十品》等造像。《龍門二十品》乃龍門石窟造像題記中最佳的集拓選本，既是龍門石窟造像題記的主要代表作品，也是魏體書法中的指標性作品。《龍門二十品》用筆方折整飭，有隸書遺意，康有為《廣藝舟雙楫》盛贊其有十美：「一曰魄力雄強，二曰氣象渾穆，三曰筆法跳越，四曰點畫峻厚，五曰意態奇逸，六曰精神飛動，七曰興趣酣足，八曰骨法洞達，九曰結構天成，十曰血肉豐美。」又謂：「龍門造像自為一體，意象相近，皆雄俊偉茂，極意發宕，方筆之極軌也。」蓋龍門造像魏體書法存留大量魏及魏以前未被程式化的原始書法美學形構，充滿生氣、奇趣及意態，骨肉峻宕拙厚中，各有異態奇姿。如〈始平公〉嚴密至極，是練習筆力、結構之最佳範本之一。其用筆出於隸，卻泯盡隸體，具明顯的楷法。其起筆銳側，轉筆果斷，筆筆方折，卻營構出外方內圓之勢，兼具了南方雍容平正之態與北方強悍沈猛之力，在外拓峻宕之筆中，涵蘊著渾穆雄健之風與堅實快利之力；〈楊大眼〉用筆留有漢隸遺意，隨字取形，字形錯落，結構規整、茂密中，有其綿密、險峻之風，被譽為「峻健豐偉之宗」（康有為《廣藝舟雙楫》）；〈魏靈藏〉則在平正工整的結構中，血肉豐盈具意態，起筆轉折處，提按落差大，有大起大落之峻偉之勢；〈孫秋生〉則將方飭之筆進一步誇張化，強化了稜角分明之態勢，益顯方峻雄強之姿。老師教導《龍門二十品》大抵著重於上述《龍門四品》，及用筆提按頓挫分明、轉折處連用兩折筆而形塑出端飭峻整之〈牛橛造像〉，再依學生個人興趣、性向，擇要分別予以教導。

次及〈鄭文公碑〉，乃主要在學習其靈活多變之圓筆用筆法則，及意態多姿之造型結構。包世臣《藝舟雙楫．歷下筆譚》云：「北魏碑體多旁出，鄭文公碑字獨真正，而篆勢、分韻、草情畢具。」〈論書詩〉五〇亦謂其「篆意隸韻入草情」。鄭道昭被盛譽為「北方書聖」，〈鄭文公碑〉是其代表作之一，在楷法中融鑄了篆勢、分韻與草情，筆筆中鋒，瘦骨裹筋，卻有多樣化、多向度轉側翻舞之豐富形態，其意態多姿，看似隨手拈來，卻深藏用心，呈現出迥異塵俗之遒健絕倫之風。其筆力之健，蓋全以神運，此也是老師一再勾摹學書進路：實、力、活、巧、變之表現極致。老師希望學生由〈溫彥博碑〉取

「實」，由〈張猛龍碑〉取「力」，由〈鄭文公碑〉取其靈活多變，如此方圓筆嫻熟兼備，則書法創作之根基也才深固。在學習〈鄭文公碑〉同時，學生各依興趣、才性，兼臨〈張黑女〉、〈崔敬邕〉、〈刁遵〉等墓誌及二爨等碑，強化對北魏碑刻的認識與掌握。其中二爨書體在隸楷之間，〈爨寶子〉古拙樸厚，奇姿百出；〈爨龍顏〉雄強茂美，奇趣橫生，尤為老師所推重。

方圓用筆嫻熟後，老師更以臨寫摩崖大字鞭策學生邁向書法創作之新境。鄭道昭雲峰山石刻與龍門造像題記、鄒縣四山摩崖刻經被譽為北魏書法的三大寶庫，康有為《廣藝舟雙楫》云：「雲峰山石刻體高氣逸，密緻而通理。」老師引領完〈鄭文公碑〉之後，即著重於雲峰山石刻中之〈觀海童〉、〈論經書〉，特別強調其在結體嚴整中，所涵蘊瀟灑自如、氣宇軒昂、寬博縱橫、大氣磅礴之筆勢與氣度。其中〈論經書〉，老師更以為其書「魏性漢骨氣勢豪，筆無餘肉合天趣」，而「凌駕六朝一摩崖」（〈論書詩〉六二、六一）。至於〈瘞鶴銘〉則強調其用筆隱通篆意及行草之姿，在勢若飛動的用筆中，要寫出古拙奇峭、蕭散逸放之感。另〈石門銘〉，〈論書詩〉四三云其「漢規魏法一脈通。」一七云：「石門堪譽碑中碑，但見道骨仙人胚。」二八云：「石門妙在天籟多，不悖法理任靈活。鋒到之處力涵巧，半是鍾馗半仙佛。」大抵〈石門銘〉以草作楷，縱斂隨心，逸趣橫生，學習時，宜掌握其落筆峻逸而結體渾和之勢，尤其欹正、縱斂間，宜恣情跌宕，飛逸生姿，不落入俗筆俗姿。凡此，乃老師在方圓用筆兼備後，用以激發學生書膽、書識及氣魄、氣度所指引的另一門徑。有了精熟的用筆之法及膽識、氣魄、氣度，方能形塑出既能表現功力，又能具現天賦而獨具風格的書法之作。故老師後期偏重於行草教學，期盼學生能發展出個人特色與風格。在進入行草擬古與創作前，老師先綜整書法史上具本源性意義之甲骨、鐘鼎、石鼓與隸書。由於篆隸形固格古，用筆盡於魏晉，故老師講解、示範時，多以比較分析方式，論證晉魏筆法之所宗，其中尤凸顯〈石鼓〉、〈張遷〉、〈石門頌〉，也兼及〈天發神讖碑〉、〈好大王碑〉等。大抵老師所關注者，多偏於雄厚遒勁之風，或縱放自如之筆，或交雜各書體而筆致多變，兼能巧妙泯去形跡者，而此正是開啟魏晉書風之主要關鍵。

行草部分，老師多注力於王羲之、懷素、張旭、蘇軾、黃庭堅、米芾等大家，分析其點畫之法度、結構之變化與意態之多姿、氣勢之豪逸等，而逐次進入穩、快、放、變、奇之狂草天地，以形塑出主體之風格。其中老師尤以王羲之〈聖教序〉為行草之基。王羲之是歷來書家骨、肉、筋、血、神兼具，形神兼美的大書家，其筆鋒隨倒隨起、隨散隨整、隨側隨中，提按精熟、轉折妙合，是行草借鑑通會之重要養分，故臨寫時，須先明其體勢，並於遲澀中加功，掌握其點畫使轉之力、變態異體之造型及高雅整練、挺秀圓潤之風。另如懷素之挺勁遒瘦、輕逸超妙，筆筆見筋，具籀篆意；張旭之剛健顛狂，狂誕雄逸，字字敏捷，恍似天縱；宋三家以意作書：蘇勝趣，黃勝韻，米勝勢。蘇字隨意放達，自然跌宕；黃字擒縱自如，圓絜疏放；米字妙用側鋒，多用轉筆，振迅天真，出於意外。凡此，均為行草之重要根基，須汲取根中液，博學、精取、能捨，方能開花結實，立格創風。老師以為各體書法均美，惟草書之美乃集其大成，尤其能狂之後，才知自己才力多少，此也是根基深植，會通各體後極致之藝術表現。

至於梅畫，雖為書法教學的延伸，但老師融合了傳統文人畫詩書畫合一的美學範式及西洋寫生構圖及透視之法，既提供了繪畫另一創作視野，也革新了寫梅之傳統美學意蘊，開拓了梅畫教學之新境。老師以為畫梅須「多生熟，熟生巧，巧生變，變生創，創生格」，故融鑄傳統筆墨之趣與西畫透視之質量感，以臻創格。老師曾言寫梅不變法則在於「用寫生負責似的部分；用筆墨表現不似的部分。」故主張師法自然，寫生攝神，並以書法化之墨趣呈現梅之精魂。老師教梅畫時，曾云：「本要道而空則古；幹要硬而折則壯；枝要瘦而斜則峭；花要密而變則活；蕊要銳而厚則穩；蒂要準而確則連。」在善觀物性、物情、物理的同時，也要全循篆隸行草及碑體，盡脫俗媚。如點苔以中鋒扭挫，乃篆隸點法，全不露筆痕，故老師曾云：「點苔是藝術行為，不是寫生行為。」至如塗本、行幹、出枝、圈花、點蕊、畫蒂等，無不出入書法用筆，方臻妙格創境。如老師教畫花、蕊、蕚、蒂、苞云：「圈花用淡墨，可鐵線銀鉤，亦可禿鋒粗寫，要令其不呆不刻；蕊之鬚用硬毫小細筆，細勁而活，長短略差參，鬚端有英，與鬚同用濃墨，鋒直下而速，圈花則可速可緩。蕚以點寫，背五正圈，苞、丁二、三，餘按花向而變隱現之數；蒂以丁寫，與蕚關連。蒂細蕚小，蒂粗蕚大，行筆挺實，忌偏忌離。苞，由丁蕾而成蕚，蕚漱開見瓣，而半開、而七成、而正放、而爛漫、而初謝、而半謝、而見實，苞之方向不同，圈之形亦各異，蕚與蒂開時有變化。」可知老師教梅畫時，融攝中西繪畫之精髓，而別開新路。此外，又著重題畫之書法與詩歌，使梅畫臻於詩書畫合一之美學境界。

老師認為文化傳承具永恒之價值，故苦心精絕地規畫、創構出自己心中理想化之書畫教學系列，嘗試為當代書畫教學建立一種典範，其薪傳之志不言自明，其心教、身教、言教合一之教導方式，不愧為當代最重要的書畫教育家之一。

三、書畫理論與三絕成就

藝術符號作為人心營構之象，是藝術家主體生命本質力量的外化。筆墨世界所形塑的剛柔、直曲、舒斂、虛實、疾澀、枯潤，無非是藝術家生命節律的審美形象，是其生命本質外化至點線美學結構中的一種展現。培公老師無論詩書畫創作或美學理論，極關注於藝術家內在主體之「情」、「意」。〈論書詩〉三云：「豁然以意書，不為唐人弊。藝游尺素間，天地一無際。」由法入於意，方能游藝於尺素之間，騁放自由之生命。老師「以意為書性情任」（〈述懷詩〉一九四）之創作方式與審美體驗，一則粹取傳統美學之精蘊；一則是在其「目迂」、「身障」後親力實踐所得之可貴經驗。老師晚年在「意書狂草天地寬」（〈述懷詩〉二三八）的創作實踐中，「以心運筆」，企望「神隨力接古人意」（〈述懷詩〉一六九），並從而體會出「心眼為帥揮不止，方知書情以意得。」（〈述懷詩〉一五二）、「不著形矩意通神，盲叟初得書中真。」（〈言志詩〉二〇）等書法創作之真境與律則。老師於梅畫之創作，亦「意發以指揮」（〈論畫詩〉一）。〈論畫詩〉云：「意濃圈滿紙，情動墨成苔。」「臥看松頭又思梅，心圈意點畫興催。」「坐看松枝起相思，心圈意點布奇姿。」（二六、四六、一〇九）由於「意濃」、「情動」，「心圈意點」，才能「用筆隨心意舒寬」（九六）。然而，審美主體之所以「情動」、「意濃」，實因審美形象與審美主體有深刻、密致的生命對應關係，審美之創造，實源自於生命原初意識之召喚。老師〈論畫詩〉五曾云：「梅性即我性，揮筆寫梅心。」蓋梅花之清姿、逸態、勁枝、傲骨、老幹，如同老師剛直之性格與清逸之道風，而梅花「丹心」、「國魂」之文化塑性，更是老師家國情懷之投射，其〈詠梅詩〉二三云：「一片丹心象國魂，品高格雅傲乾坤。風神凜凜凌冰雪，屹立萬年不老根。」最足以證顯。梅花與老師，恍如至友，更似生命共同體，兩不相分。其〈論畫詩〉五四：「祇賞梅花不賞人，人情那似梅花馨。筆墨傳得心與意，俗聲塵色不相親。」尤能印證筆墨形象乃審美主體情意之外化。至於作詩，老師不拘格律、形式，注重立意、有情。嘗自云：「自幼不讀詩，老來喜弄句。病中聊自遣，此外無他意。」（〈述懷詩〉九）由於「目迂」、「身障」，「長日寂寞苦排遣」，因而，老師往往「暗嚼古人詩幾篇」（〈述懷詩〉三二五），「窮敲詩句」（三二九）便成了老師晚年的日課。

「遣興」、「寓意」是審美主體抒情表意的創作起點，飽醮著主體生命的悸動與心緒的起伏。藝術家將自我心靈沈浸於藝術世界中，以排遣憂愁與孤寂，從而獲得聊以自娛的精神慰藉。在自娛、寄情、寓意、遣興的創作導向下，藝術也才得以取得其純粹性與獨立性之審美品格。

然而，審美形象作為審美主體抒情表意之媒介，實須藉由美學形式之中介結構，方得以顯露，而此又須深植功夫，熟練筆法方得以達致。點線結構作為藝術家自覺化審美創造的書畫本體，其組構法則，是確立書畫藝術的價值所在。

培公老師書畫見解大多著墨於書畫之筆法理論。老師講論書法十分注重字之骨、肉、筋、血、神，並認為筆法是書法的根基。老師以為意在筆先，然意由操練而來，要筆筆法備，字神具，關鍵在於筆法，故書論中有關筆法之論析極多。〈論書詩〉云：「虛從實中來，變無法外訣。苦功三十載，筆力自超絕。筋骨豐且韌，血肉練而潔。提頓任騰躍，點畫兼巧拙。」「吾信南海論，筆妙盡方圓。圓自古篆來，方因漢隸遷。圓用提抽絞，方用頓折翻。細察南北朝，方圓巧相涵。圓中時帶方，方裏時兼圓。方圓能活變，神彩生筆端。勤臨切勿怠，漸悟法理玄。多會名人跡，創格實非難。」「曲是媚柔直是剛，剛柔相濟不倉皇。頓轉切忌偏鋒力，火到純青神自張。」「起藏護尾實，中鋒毫齊立。行時慣逆澀，提按輕重分。剛柔辨曲直，帶牽慎緩急。熟臨北魏碑，深得筆中趣。悟揣晉人書，漸知行書意。筆墨隨意發，風格乃獨具。功夫有淺深，天賦決高低。人人可成家，難得在氣勢。」（八、一一、六八、一二）老師認為用筆精妙，盡乎方圓，故極注重方圓二筆之運筆與變化，乃至於「巧相涵」之學習歷程。在方折、圓轉之時，尤須直挺萬毫齊力之中鋒，逆勢澀進，提按互用，使剛柔相濟，骨肉停勻、筋血豐韌，而達致神情自張之境。「變」由「法」生，「法」是書藝根脈；「變」乃創格之基。「法」、「變」相涵，由「法」而「變」，方能臻於書藝之巔，故老師論草書之藝境，亦云：「草藝書之巔，變化羅萬千。挺練伸勁鐵，曲欹逸而妍。點畫皆有據，意韻因人遷。滾滾長江水，滴滴源古泉。大令誇一筆，斷牽貴自然。密時阻風過，疏處可行船。全篇樂章動，起伏節奏傳。呵然一氣成，悠揚有餘弦。臨帖吮其精，崇今防其擅。胸中丘壑滿，志在凌前賢。誰是先驅者，後功蓋先天。」（〈論書詩〉一四）草書作為書藝之巔峰極境，筆法變化更是萬端，老師注重其點畫之勁力、曲欹之逸妍、疏密之精勻、起伏之節奏及自然之意韻等。要形塑出個人書法風格，根基仍在於點畫之美學形構，而此均以方圓筆之精妙為重要指標，故〈論書詩〉二九云：「好虛務實各有志，標新鑿古背相馳。十年精運方圓筆，書海空闊任所之。」能精運方圓之筆，根基定能深固。方圓二筆變化盡於唐代法式化之前，此當是老師之所以主張「書由碑入」之主要原因。〈論書詩〉三四即云：「書自碑入方得法，急求功利帖害人。」一二亦云：「熟臨唐前蹟，變化盡方圓。」老師認為六朝筆法發展至巔峰，曾云：「碑到六朝無不奇」（〈論書詩〉四八），是以主張學書「六朝是大道」，並謂「徒摹奇形非得竅，應從刀法濾筆痕。」（〈論書詩〉五八）得其方圓之妙，乃學書之基、創格之本，故老師甚至謂「未寫好〈張猛龍碑〉、〈鄭文公碑〉，寫行草是迷路。」張、鄭二碑乃方、圓筆之範式，未通方圓之筆，即寫行草，則無法臻於化境。是知書藝之根本大法乃在筆法，此當是老師一生抱持「孤燈一禿筆，魏晉百年心」（〈述懷詩〉九三）之志的主要緣由。

然點畫使轉尤關乎審美主體之性情、襟懷，故〈論書詩〉五九云：「點畫使轉皆性情，筆筆中鋒如電風。書就只見驚鴻動，懸壁悅聞龍飛聲。」點畫使轉、字形之妙構是審美主體性情、襟懷之外化，故創作主體多涵養其審美心胸，而閱讀主體亦要能從中通悟其性情、襟懷。〈論書詩〉四四即云：「逐筆神凝心無波，點畫讀通力始著。」六七亦云：「草行玩味必須頻，右軍智永孫過庭。字形妙構勿死記，點畫同時悟性情。」在「讀七寫三」的學習歷程中，首重「通悟」，通悟則力到情涵，自生氣韻。故〈論書詩〉四六云：「筆到工時古法通，墨色清明氣韻生。年愈七十隨心欲，戒勿塗鴨妄求名。」

至於梅畫，老師主張以書入畫，並斟酌西畫，有所損益。

〈論畫詩〉五〇即云：「為使筆墨能盡意，務在點線留真跡。擦染重疊西方法，依書行筆信無疑。」文人畫傳統標榜詩書畫同體不分之藝術造境，老師論梅畫，以文人畫藝術傳統為依歸，故講求詩書畫相融之境。〈論書詩〉三五云：「書畫本來同一源，製毫惜墨有無間。雖說氣勢古難得，爐火青時不見煙。」六四云：「不宗一格不拘家，隨意寫來古未賒。書畫源流同一脈，能書自爾善塗鴉。」四五云：「畫上題跋具真功，詩書貴與畫相融。臨碑有志今未晚，書到精時畫亦精。」等均在呈現詩書畫同宗、同源、同體之關係。在文人畫傳統美學規範下，以書入畫本是宋元以來文士的創作法則，老師在此一傳統下，更多是以一己書法創作實踐為出發而有更深的領會與轉化。

〈論畫詩〉三七云：「三十寫梅葫蘆樣，半百訪遍三島林。老來盡剖歷代法，書筆寫形神見真。」老師認為以書筆寫梅才能形具神傳，故云：「畫梅難在書法筆，怕看西法塗花枝」（〈論畫詩〉八七）。老師多以「隸鋒籀意寫梅枝」（八〇），日常

「閒攻籀篆」，主要是為了「寫梅」（七六）。〈論畫詩〉九四云：「寫梅仍似古籀書，枝斷幹枯氣不迂。天助盲睛重見日，銀鉤鐵線出蕊鬚。」七五云：「逸寫嫩柔怒寫枯，濃淡交織氣不浮。老幹難在用筆穩，細枝猶如寫草書。」五九云：「從來謙遜不多才，今見精絕寫老梅。行幹蘊藉篆隸筆，疏花朵朵紙間開。」等詩均足以說明老師創作以書法之筆寫梅的主張與實踐。以書入梅畫，老師特主張由碑筆入手，〈論畫詩〉八五云：「碑筆寫出梅精神，不似錦絲繡花針。擒縱毫端凹凸筆，墨色枯潤形逼真。」惟有以碑筆寫梅，才能俱見梅花氣象萬千之精神，故老師標舉寫梅要「點點高山墜，枝枝懸腕成。」（〈論畫詩〉九）。寫梅以碑筆，兼用隸鋒、籀意、草行，則「工夫到時力始涵，力與情合見功夫」，也才能「隨心收放合天趣」（〈論畫詩〉三六）、「功臻化境意自如」（〈論書詩〉二〇），此與西法「急塗」、「細染」（〈論畫詩〉一四四）著實有別。

除了以書入畫外，老師又主張詩書畫相融之藝術境界。〈論畫詩〉七四云：「筆墨傳神詩有情，梅花題句補心聲。聊聊數筆見韻勝，宛似老僧坐禪中。」以有情之詩，增補心聲，則梅畫之神韻始生。大抵題詩多用以抒情、寫意，詩畫參揉互濟，可織綰成一種具感發性之情思交鳴與想像性之美感空間，尤其題詩之書法，不僅具有構圖美感之功能，也具有圓足畫境意義之功能，既可調節畫面布局，豐富畫面情趣，也是繪畫主題內容表達的起點和歸宿，詩書畫三者也得以化合出同體不分之藝術造境，故宋元以來，遂成為文人畫創作之思維定勢與實踐法則，此也是培公老師創作所依循的藝術軌式。

此外，老師寫梅亦援引西法寫生之道，注重光暗、疏密等透視之法，〈論畫詩〉一三六云：「老腕寫梅意不衰，細枝曲幹千萬姿。近宜濃豔遠宜淡，輕重斷連信不疑。」六〇云：「晨光似雪晚如雲，密處迷離疏處真。畫者會心一幹老，互讚蒼古復精神。」一二九云：「去時空空滿載歸，碎枝依理任伸垂。光暗知源宜從略，筆墨要處勿混違。」老師一生勤於寫生、蒐稿。早年遭家國離亂，見古梅而奮寫國魂，以寄寓情思；抗戰期間，隨校南遷，由滬入粵，更飽覽江左、華南等風物，疲困饑寒中，仍勤於蒐稿；復以幼時攻書之外，兼擅素描、水彩；大學時代，又以西方透視之法素描速寫；旅居東瀛時，則盡訪各地名園、古剎及梅林、梅苑；返臺後，即使「目迂」、「身障」，仍多次出入復興鄉、香蕉山等地搜寫畫稿，寫梅寄意，故老師千姿百態之梅畫實歸功於寫生構圖之勤力與領會。因此，老師論梅，極注重「布陣」（〈論畫詩〉四二）與「識勢」（一三三）。〈論畫詩〉一三七云：「老樹滿山攝我神，欲搜奇稿比前人。布局難在無畫處，空靈恰似雪迎春。」一三三云：「右軍高論先識勢，寫梅應做如是云。精析情理形自俱，損增古法筆傳神。」七八云：「幹為主體審思定，細察緩寫莫失真。稿與心合輪廓出，層次陰陽分淺深。」細察、識勢、審思、布局，成竹在胸，「移之筆墨」，方「合心象」（〈論畫詩〉八九）。然而，繪畫之妙，乃在於「神合天籟情中生」（〈論畫詩〉八三），故除了「妙手寫梅不計枝，胸中布陣巧費思」外，「筆情」更須「留在無意處」，才能「瀟灑淋漓任飛馳」（〈論畫詩〉四二），也才能「筆意流清真」（二），臻於「妙趣天成」（七九）之境。故老師十分注重「以形寫神」之創作法則，〈論書詩〉二三云：「以形寫神畫之要，穩中求變書之軌。終生持定前賢道，小技何患實不歸。」標示了書畫創作依循之準則。

又培公老師詩書畫創作理論頗入禪意，〈論畫詩〉三三云：「滿懷豪氣隨筆奔，刻骨心淚對至尊。詩畫渾然入禪意，一天風雪紙上溫。」其九云：「運筆得禪意，梅中亦有僧。」〈述懷詩〉三二二云：「書裏梅花詩裏禪，心居天地有無間。昨宵何故不安枕，月色清明照我眠。」三四四云：「入耳梵音催夢覺，一時混沌轉空明。驅除心間諸罣礙，樂經禪境墜詩情。」禪宗在接引學生的機鋒上，本就充滿書畫的意趣，禪理又足以令人通悟、改性，在「妙悟」非自覺狀態之思維飛躍上，詩畫本具有共通性。詩、書、畫、禪，均為一種不經邏輯的推理演繹，即能直接把握生命、事物之本質意蘊，詩書畫創作靈感之迸生、興象之勃發，即孕育於瞬間解粘去縛的「妙悟」之中；再則，禪學本是以自性為主，實踐自我、開發本性的一種精神修持之法，其最終目標乃在直攄本性、發明本心，此與藝術創作有其相通之處。如〈述懷詩〉三二云：「妄想終成幻，悟空返如真。遠離諸罣礙，畫意油然生。」〈言志詩〉四七云：「髯叟贈齋名了然，臨池潑墨如學禪。尚殘一目半將了，寫成萬紙不賣錢。」〈言志詩〉二一云：「天光樹影處處佛，不惑聲色念無波。四尺榜書試腕力，仍將閉目寫山河。」〈述懷詩〉三〇云：「靜坐萬山碧，多聽世事悲。梅花圈點後，似渡幾輪迴。」均可見出老師強調創作過程自證自悟、發明心性的心理體驗與精神超越。藝術家藉由書畫之創作，返觀自心，徹悟真境，方能回返真實之本心。

綜觀老師三絕創作或書畫理論，既「崇古」，又標榜「古意」。培公老師以為「書畫的創新即傳統的延長」。嘗自云「梅學元章詩放翁」（〈述懷詩〉二八六）；書法融鑄各家，尤「想做隋唐以上人」（〈言志詩〉四四），故特尊魏晉。〈言志詩〉三云：「似為書而來，將留萬紙去。平生無所求，但契古人意。」四五云：「詩情墨跡為誰留，藝林自古爭封侯。勸君勿取譁眾寵，一生祇與古為儔。」〈論書詩〉三六云：「書境求能入古境，世間無名勝有名。墨跡留與愛書者，今後來者融一情。」均呈顯出其一生與古為儔之心志。在中國傳統宗法社會下，宗祖的文化本根意識，避免不了衍生出深固的尊古的價值取向與徵古的思維取向。尊於古並徵於古之歷史意識型態深刻地影響著中國傳統文士，培公老師三絕創作及書畫理論標舉「古意」、「古境」，或可作如是觀。惟歷代傳統文士在尊古、徵古的文化意識下，往往汲取古代之文化養分，締造出藝術新境，即使在文化規範性極強的書畫創作天地裏，仍能生發源源無窮的創造力，而別創新局。〈論書詩〉七七云：「自古草書稱大絕，蓋緣艸內蘊藏豐。篆籀漢魏皆所本，六朝碑帖備會通。豪放瀟灑法有度，規矩嚴峻情所鍾。老腕沈雄滿古意，承傳之間創古風。」七八云：「千秋墨藝美無倫，體勢承轉代出新。史列堂風明治亂，品從筆意辨疵醇。鴻飛鶴舞非虛譽，虎臥龍驤自有神。且喜後輩尊古法，渾忌濁世滿囂塵。」即說明在「尊古法」之文化承傳中「創古風」，仍可轉見出新的體勢與新的風格。老師曾言「懂古法而後悟生古法之外」，「悟古法」主要在「化古法成我法」，尊古、徵古、法古，乃是錘鍊、塑造自我風格的必經歷程，此也正是文化薪傳的永恒意義。老師書畫理論之精微與藝術之成就，也須由此切入，方得以洞見其妙。

培公老師一生執著於書畫創作，〈述懷詩〉一云：「我究何所屬，碑意與梅情。筆墨心合處，意念轉空明。」其二云：「不問百年業，祇思明日工。心凌萬物外，惟與筆墨通。」均可見出老師筆墨情緣之深契。即使晚年「目迂」、「身障」，仍奮進為之。〈言志詩〉四九云：「牆邊雜草偶見紅，階砌略可分直橫。但使能讀六朝搨，十年寫碑三百通。」二四云：「左體萎癱右腕榮，目不染塵心海明。金丹寧換宣城紙，陶侃運磚我舞彤。」〈述懷詩〉一四四云：「佇坐半日對窗櫺，花木欄杆皆矇矓。三年若辨窗前物，恭寫心經一千通。」等詩，及「床上指代筆，窗前心寫雲」（〈述懷聯〉二九）、「失明揮大筆，銳意思古人。」（〈述懷聯〉二六）等聯，均可見出其對書畫創作不歇的熱情與意志。老師或「筆端消病禍」（〈述懷詩〉一〇〇），或「揮筆寄凡思」（〈述懷詩〉二九），或「揮筆解千愁」（〈述懷詩〉一〇九），實因老師深知「一枝畫筆揮動處，萬念宜在此中消。」（〈述懷詩〉二一八），晚年天加重病，也讓老師省悟「慾迷情亂禍之源」，因而「書汗寫成羅漢身」（〈述懷詩〉一六二）。老師曾言：「書畫雕蟲實良藥，養得滿胸氣浩然。」（〈述懷詩〉四三八）則藝術創作不啻為藝術家生命本質力量的確認、張揚、升華，涵具著動人的生命節奏與豐富的人生體驗。

培公老師五歲學書，三十寫梅，書畫創作在融鑄各家外，別見新境。老師書法標榜「字字來自古人，全篇表現自己」。

並謂「風格由法、意而生」，主張由「法」求「意」，「意」、「法」兼合。「法」是根據，「意」可萬變，方生創格。其書大抵以李北海為骨幹，並融入歐、王、北魏碑體〈張猛龍〉、〈鄭文公〉及摩崖大字等，取長避短，融會通貫，而形塑出兼具道勁、腴美之風。老師多以長鋒羊毫作書，中鋒澀進，力貫紙背，故行草之作，筋圓骨勁，血豐神張，遒潤蒼拔，格高品潔。其氣勢出於魏碑；精巧出於東晉；情意參酌宋人，而別創新風；碑體大字，則勢雄力厚，古樸勁健，大氣磅礴；尤其長期「目迂」、「身障」，也使得老師更能體會「以全身之力為之」、「以意為之」的創作之道，即使小字，也都力求筆筆有變，字字意別；長篇鉅作，尤屬精絕。當代書法轉以小格式展現墨象的創作方式，使藝術淪為一種表演式之審美創作的同時，培公老師書法長篇的創作，更屬獨特而重要。蓋因書法長篇乃關乎創作主體心力持續性開展的一種藝術創作，無論筆墨的走向、速度、強弱，以及情感之聚焦、心神之專注，均不容懸殊、不一、離散，是對書法家之天賦與功力極大的考驗與挑戰。培公老師留存於世的書法長篇甚多，部分作品（如〈書譜〉長卷等）甚至是老師為試鍊自己生命意向所作的，在「目迂」、「身障」下，卻能全篇筆筆不敗，一氣呵成，渾然天成，其藝術之造境與生命之韌性，實令人由衷感佩、敬仰。

至於梅畫，則融鑄了自然寫生及王元章、明僧、八怪、吳齊各家，而別構新境。老師極注重師法自然，〈論畫詩〉五七云：「胸有丘壑畫不難，筆情墨趣師自然。形似只是兒童步，氣韻生動六法全。」一〇二云：「獨仿一家難為格，好句每見妙詞多。師法自然匯高論，藝臻化境立成佛。」師法自然，並融匯各家高論，方能「藝臻化境」。師法自然方面，老師注重寫生攝神，〈論畫詩〉一三八云：「西法素描形光影，國畫寫生氣韻神。同是點線羅列密，前者重技後傳真。」五五云：「素描旨在得形似，寫生兼重神意存。點畫使轉依書法，處處預設筆墨神。」寫生主要在存其神、意與氣韻，而非勾描光影與形體。既攝其神，則點畫使轉須以書法筆法為依歸，方能真正呈顯其「氣韻神」。老師畫梅，從碑體入手，又融合隸鋒、籀意及行草用筆，其畫梅實以「元人枝意清人點」，表現「繁幹傲然獨古今」（〈論畫詩〉三八）之氣概。〈論畫詩〉七〇云：「畫梅誰及王元章，明僧八怪另有方。吳齊傳神大寫意，吾參眾法一幟張。」大抵古代畫梅大家王元章、明僧、八怪、齊白石等均為老師仿擬之對象，惟老師在參悟「眾法」之外，又獨以自我的性格取向及家國離亂的人生遭遇，賦予梅畫新的書寫方式與審美風格，「繁花」、「老幹」、「勁枝」也轉為具象徵性意義的符碼。在兼具清逸淡雅與氣象萬千的風格中，實具現老師格高品清之生命內涵與堅毅不拔的生命韌度；梅花幻化為「丹心」、「國魂」，更訴說了老師濃鬱的家國情懷。前人畫梅清雅、疏淡、瘦細；老師改以蒼勁、雄偉、氣勢，無論在塗本、行幹、出枝、圈花、點蕊、畫蒂、疤節等，均開展出新的美學形式，尤其以線條寫光、以書入畫，更形塑出迥異於歷代畫梅大家之風格，而允為一代之畫梅大師。老師〈言志詩〉五一自言：「一寫梅花情萬千，盡在點畫碑帖間。古人留下迂迴路，何妨由我成大觀。」顯見老師對梅畫有著極深的情感，對梅畫之創構，亦深見期許。培公老師梅畫與書法開展出新的美學形構與美學風格，自當有其歷史上之定位。

培公老師的詩，一則為了消憂、解厄，而遣興、自娛；一則為了增輝梅畫，表現詩書畫同體藝術之最高境界。因此，老師作詩並不特別講究平仄格律，而以情意取勝。老師曾引述姚夢老言：只謂平仄，是俗人之詩；兼及平仄與意境，是詩人之詩；不論平仄，意境佳，則為哲人之詩，而戲言自己無法忝列其中。大抵老師性格、行止本具詩人氣質，復以閱歷多、腹笥厚，達人情、明世故，故其詩情深意遠，有議論，有諷諫，包蘊廣而意涵深，七言四句尤自然圓緊，具雄闊峻拔之風，並不愧為詩人之詩。其中豐富之書畫見解，尤彌足珍貴，是歷代罕見以大量詩歌形式闡述書畫理論的藝術家。培公老師可謂是集書畫教育家、書畫家、書畫理論家、藝評家、收藏家於一身的藝術家。

在蒼茫浩闊的藝海世界中，一個藝術家的內在心靈往往是孤寂的、飄泊的，其生命性格卻也往往最具意志與激情的；作為一位藝術巨人，更須具高度之文化自覺與人文情懷，方得以抉發生命，轉拓新境。培公老師歷經生命的悲苦，淬鍊出一身的傲骨，外化為藝術精魂，內蘊深邃、動人，其薪傳之功，更照亮藝術承傳之大道，誠如其〈論畫詩〉一一六云：「寫梅千紙書萬紙，散作螢光照道山。」培公老師一生用詩書畫三絕的符號探詢、扣問美與生命的可能性，其藝術作品與書畫理論可謂是其生命實踐的外化、張揚、升華，也是其承古創新的精萃、心血、成就，充分顯示出培公老師深刻、豐富的生命情感與深沈、宏闊的文化意識，其人其詩其書其畫蓋可同臻於不朽矣！

二〇〇一年四月二十日**鄭文惠**謹序於政治大學中文系

寇培深詩聯集

對聯

一、述懷

一

中天明月
萬古千秋

二

忘情勢利
寓意詩書

三

家國依舊
日月長明

四

師生緣份
筆墨生涯

五

書香門第
古樸家園

六

愛及萬物
梅傲群芳

七

聖教永續
心志不屈

八

豪情萬丈
好詩一絕

九

豪情萬丈
美酒一樽

一〇

載道以文
傳世日獻

一一

傳薪不老
報國無私

一二

几上筆硯
胸裡河山

一三

裂破古今
橫行天下

一四

眼前白霧
夢裡黃山

一五

志在春秋
氣塞天地

一六

藏名塵俗
隱跡霞巒

一七

世上風霜

人間煙火

一八

人生須盡歡

金樽長對月

一九

人稟河岳氣

書通南北朝

二〇

大道育萬物

達人滋眾才

二一

山河不改色

書畫永留香

二二

對酒懷國事

作畫避俗庸

二三

丹心照冰雪

白髮共師生

二四

世事雲千變

詩家夢萬殊

二五

古今萬卷史

天地一沙鷗

二六

失明揮大筆

銳意思古人

二七

目盲口傳薪
腕癲心執筆

二八

百年書萬卷
四海筆一枝

二九

床上指代筆
窗前心寫雲

三〇

往事飛鴻外
浮生蝶夢中

三一

承古無止境
傳薪燃所藏

三二

承傳莫為己
褒貶盡在人

三三

放懷青雲外
出神老梅旁

三四

放鶴傳逸友
觀梅悟此身

三五

明心見真性
慧眼識英才

三六

俗塵不容我
高天到處佛

三七

陋室書千卷
天涯筆一枝

三八

風來竹影醉
詩與古人合

三九

風波顯大道
塵土有至情

四〇

風雲百年夢
河山萬里情

四一

俛仰窮宇宙
起臥思聖賢

四二

振臂揮大筆
闔目驅凡思

四三

書名傳後世
文才美當時

四四

書聯待祥兆
思句好朋來

四五

胸懷如海嶽
風骨似梅花

四六

草木本無意
榮枯自有時

四七
得失眼前事
邪正身後名

四八
清今世罣礙
結來生福緣

四九
頂天一窮儒
立地六淨根

五〇
無言心常明
不邀月自來

五一
筆暢禪意境
身老鐵精神

五二
煙塵吹人倦
書境勵志堅

五三
萬物有生息
惟佛無始終

五四
詩情光日月
筆力動乾坤

五五
道同天地古
人與萬物殊

五六
豪氣煙霞遠
道風星漢高

五七

豪情光日月

睿智定乾坤

五八

豪情邀共飲

得意且吭歌

五九

闔目雲生壁

覓句指晝襟

六〇

寫梅千秋志

吟詩萬里情

六一

撫躬銜道義

交契在詩文

六二

澄懷觀宇宙

逸興凌江山

六三

緣深通來世

義重感高天

六四

學禪貴忘我

攻書必空研

六五

覽南華秋水

遊北海高風

六六

鐵肩擔道義

正氣挽狂瀾

六七
舉世無知者
千載有餘情

六八
長日與年永
流光若星馳

六九
居身十天地
放眼萬卷書

七〇
詩思寒潭水
浮名遠岫雲

七一
歲增俗緣減
朋少幽事多

七二
身行半天下
筆掃一乾坤

七三
靈心理萬機
矢志貫此生

七四
靜攻漸知壽
晚節愈能堅

七五
體弱心反強
目昏志愈明

七六
情通萬里外
流幻百年中

七七

神遊千古上　知音唯有雪

心在萬山中　解鶴有逋仙

七八

俯仰終宇宙　弱體返少年

臥起頌聖賢　壯志到九十

七九

風雲入壯懷　庭養沖天鶴

山水含芳意　池潛縱壑魚

八〇

天人妙一體　松柏存本性

河山錦萬年　山水蘊真情

八一

藏名詩酒間　居身百尺樓

養拙江湖外　放眼萬卷書

八七
聖教千秋業
浮華一縷煙

八八
高風鎮亂象
正氣掃妖氛

八九
風月照寒窗
詩書堆靜几

九〇
寄身兩間茅舍
放眼萬株梅花

九一
又是一年春色
依然萬象輝光

九二
白髮催人未老
丹心報國無私

九三
萬卷書萬里路
一池墨一院花

九四
人品書風留青史
梅韻詩情紹古人

九五
八十未退壯年志
三更仍讀古人詩

九六
八十笑看人間事
五更揮寫滿天雲

九七

山高自有開路人

水深不乏破浪舟

九八

且樂生前一杯酒

何需身後千載名

九九

半百情懷如一日

滿樹梅花香永年

一〇〇

古今不卷江山畫

日月常開宇宙窗

一〇一

仰天地育才德大

謝祖宗教養恩深

一〇二

百年開懷多少日

一生知己二三人

一〇三

我若無心於萬物

何妨萬物常圍遶

一〇四

氣揮榜書十餘紙

人說勝於盲前書

一〇五

景物自隨幽意得

世情渾與此心違

一〇六

猶似蓮華不著水

亦如日月不住空

一〇七
滄海一粟任潮捲
白髮萬緒化禪心

一〇八
舊歲舊事舊高閣
新春新象新藍圖

一〇九
不為虛名生前後
但燃此生脈古今

一一〇
好花偏向雨中開
樂事每從忙裡過

一一一
隔海觀梅情千里
對天言志膽一身

一一二
千碑讀遍雖停筆
五嶽歸來更愛山

一一三
俗務纏累志自短
書情揚溢奇可延

一一四
蘆葦壓傷仍作筆
燈火吹殘猶照人

一一五
體健能書即是福
眼明識人乃成緣

一一六
窗透好山故養蘭
心愛古人乃臨碑

一一七

涉事百年真逆旅
忘機萬事即安心

一一八

身將隱矣文何用
人不自知味更深

一一九

天肯與閒肯與健
我亦能靜亦能安

一二〇

春風終解千山雪
海水猶連兩岸心

一二一

傲骨猶存新世界
古香長繞舊山河

一二二

滿山棟飛經綸志
小盆竹影天地心

一二三

詩通物理行堪搜
道合天機坐可窺

一二四

半百情懷如一日
滿樹梅花香永年

一二五

丹青不知老將至
雲山況是客中過

一二六

愧度八十無成就
且看餘年有句來

一二七

腕力不逮知功淺
情緒常乖緣學貧

一二八

窗戶吞吐新日月
風雲山沒舊山河

一二九

觀魚夢蝶如莊叟
踏雪尋梅學浩翁

一三〇

一樓紅梅安斯居
滿懷新象養天年

二、修養

一

見賢思齊

溫故知新

二

悟道見佛

明性知天

三

強勉學問

陶冶性靈

四

得道多助

無欲則剛

五

得道多助

沈睡自蘇

六

相見以誠

忘物者巧

七

友天下士

讀古人書

八

君子慎獨

吉人寡詞

九
精誠開石
人定勝天

一〇
以誠見佛
尊真為師

一一
酒常迷性
書可清心

一二
身退道進
欲淺悟深

一三
氣和神悅
福永壽長

一四
真靈唯靜
大道無邪

一五
處靜觀動
居逸窺勞

一六
人淡如菊
品清似泉

一七
一靜遠塵慮
多動增大年

一八
心靜凡塵遠
竅通天仁和

一九
正氣彌天地
放懷一古今

二〇
知大何須卜
寧神即是仙

二一
知執孝悌責
自得老幼安

二二
胸闊事皆勝
心清山更奇

二三
清心可悟道
惠言常益人

二四
清心福壽永
惠言情義高

二五
清氣沖天地
慧言醒古今

二六
澹泊明素志
靜簡養餘年

二七
嚼菜根淡味
遠魚肉脂香

二八
觀魚知道性
養鶴悟禪心

二九

空名不登雅
大道可通天

三〇

天地有正氣
江海駭驚濤

三一

顏生躬四句
曾子日三省

三二

氣平治傲骨
思密滅狂言

三三

平氣看今世
虛懷對古人

三四

無波古井水
有節老竹竿

三五

青山塵外象
明月靜中心

三六

知足心常樂
無求品自高

三七

梅花寒處妍
壯志危時明

三八

一點浩然氣
千里快哉風

三九
習靜一生悟
忘機百慮空

四〇
格超梅以上
品在竹之間

四一
清氣滌濁氣
超逸遠俗塵

四二
有為每如幻
無想便是仙

四三
澄懷虛若谷
養氣靜如山

四四
澄懷觀宇宙
逸興凌雲山

四五
毅力克難障
靜功逐亂魔

四六
英辭潤金玉
義高薄雲天

四七
煙塵身欲老
金石志方堅

四八
錘鍊堅志趣
幽默舒骨筋

四九
高松鬱奇氣
幽蘭具靈根

五〇
對水入禪意
燃香去染心

五一
有為皆是幻
無想總成禪

五二
君子反身修德
學者愛日惜陰

五三
處身但須誠實
讀書尤貴虛心

五四
無在萬化之前
空為眾形之本

五五
無德無能無信
有力有色有聲

五六
臨事不疑知道力
待人無私見品高

五七
身礙皆從忙中起
心疲唯於靜裡消

五八
欲除煩累須忘我
各有前緣莫羨人

五九

或是或非塵裡事
無憂無慮達者身

六〇

物不求餘隨處足
事如能省即心清

六一

有萬卷圖書洗眼
無半點渣滓蒙心

六二

梅為有香奇於雪
心能無悶妙似詩

六三

但遣琴書常在手
可令聲利不關心

六四

墨香薰成癱骨健
心清養得夢魂安

六五

與好友不論佛耶
問此心但求真誠

六六

蘭蕙自得山川秀
松柏長留天地春

三、處世

一

福之用
和為貴

二

回頭是岸
立地成佛

三

狂妄必敗
寧靜致遠

四

知足常樂
健康是福

五

讀有用書
行無愧事

六

不可忍且忍
有所為而為

七

心清無外事
靜極是真源

八

心逸人情別
俗遠妄念收

九
方便有多門
歸元無二路

一〇
洗眼看今世
虛懷對古人

一一
挺脊樑走路
拍胸膛做人

一二
得失權輕重
長幼序後先

一三
眼不見為淨
心無住則剛

一四
貪得祇是累
盡捨方知空

一五
無私而後定
有品方成家

一六
隨緣天涯路
悟澈老後身

一七
臨事知閒貴
虛心見道功

一八
知己一二足
小苑天地闊

一九

大道之行也

天下為公焉

二〇

德從寬處見

福自簡中來

二一

盡作今世想

何來古人情

二二

奇松自長壽

脩竹別有神

二三

此生勿為己

隨處可結緣

二四

有主萬事足

無慾一身輕

二五

世事不見為淨

真道能悟自明

二六

達人情皆學問

明世故即經綸

二七

誦讀無他妙訣

工夫只是如常

二八

讀書務必精熟

教子要有義方

二九

人到萬難須放膽
事當兩可要平心

三〇

天成佳偶得祖蔭
家能多福緣人和

三一

身名俱泰要留餘
福慧雙修須及物

三二

虛心何慮同心少
敬事彌知處事難

三三

古今中外無新事
東西南北有知音

三四

毀人毀己一張嘴
消愁消怨幾杯茶

三五

若非似水清無底
怎能如冰凜拂人

三六

事能知足心常愜
人到無求品自高

三七

樂天知命自知是
觀水游山不競心

三八

靜觀今昔無味事
常誦內外有情詩

三九

胸有疑團法自亂
言符事實理由長

四、閒適

一

一朝明月
萬里長空

二

一簾秋色
孤雁初飛

三

竹風煮茗
梅雪吟詩

四

春風如意
翠鳥爭喧

五

漁歌煙浦
樵唱雲村

六

臨書讀史
栽竹養蘭

七

梅香竹影
月色山風

八

清氣祥瑞
惠風和暢

九

竹前賞月
梅下吟詩

一〇

游魚戲水
飛鳥鳴林

一一

青松秀月
紫葵浮雲

一二

苔草古意
煙月清真

一三

留雲籠竹
邀月伴梅

一四

閉戶自耕
開卷獨得

一五

門無俗客
室有藏書

一六

水流雲在
雨到風來

一七

一輪明月
四壁清風

一八

人遇梅香濃
心共白雲悠

一九

下酒開心果
品茶落花生

二〇

山川凝秀氣
日月輝祥雲

二一

山如仁者靜
風是聖之清

二二

山高雲吐月
水遠地接天

二三

天涯我作客
水隈汝輕歌

二四

月光半榻雪
松濤一枕風

二五

月篩竹影碎
雲移梅香幽

二六

平沙看落雁
高山賞白雲

二七

石上坐秋水
花間步春風

二八

地奇人境別
事遠俗塵收

二九

年歡起步易
春媚耀花明

三〇

江水向遠地
白雲無盡期

三一

竹有賢之林
蘭為王者香

三二

竹明風弄影
蘭為王者香

三三

竹明風弄影
荷淨露生香

三四

竹明風弄影
梅放雪共香

三五

竹屋堪居鶴
蘭窗宜賦詩

三六

竹搖蟬聲遠
梅放鳥語喧

三七

竹影撫明月
梅香入白雲

三八

竹嶼見垂釣
茅屋聞讀書

三九

老知閑有味

早與世無爭

四〇

老鶴雲間影

奇松雪外姿

四一

低雲過雁影

奇石響松聲

四二

床上書連屋

階前樹拂雲

四三

和風窗四面

幽鳥竹千竿

四四

河山增彩色

日月放光輝

四五

物我渾同體

行藏只樂天

四六

花香人初醉

鳥鳴山更幽

四七

興幽魚鳥通

心澹水木會

四八

雨後庭草綠

風來墨池香

四九

雨露含深愛
松柏發古思

五〇

南山染菊黃
中原散梅香

五一

室有山林樂
人同天地春

五二

室雅何須大
花香不在多

五三

室靜蘭香醉
情暢笛韻幽

五四

客來花怒放
鳥鳴山更幽

五五

幽簾通明月
高士接雅風

五六

風月時來往
雲山自古今

五七

栽梅寬留地
看山短築垣

五八

氣和胸浩蕩
意遠夢逍遙

五九

海上生明月

天際瀉長江

六〇

茶香午夢後

松韻晚吟時

六一

高天雲如鶴

短牆松作仙

六二

高天雲似海

低嶺松成濤

六三

松出白雲上

人在黃山中

六四

彩霞映吟笑

松韻送琴音

六五

得山水清氣

極天地大觀

六六

得意琴書趣

忘機鷗鷺群

六七

晨暉增竹翠

晚風送梅香

六八

祥光遍草木

佳氣滿山川

六九

荷覆方塘翠

楓染遠山紅

七〇

魚潛晚秋水

禽鬧早春梅

七一

鳥穿竹聲碎

杯交蕉話長

七二

朝雨群松翠

晚照夕陽紅

七三

登門無俗客

笑口發舊情

七四

華岳接天漢

河流出崆峒

七五

閒掃新落葉

細理舊栽花

七六

閒雲深淺處

野鶴往來時

七七

雲海待旭日

天涯共此時

七八

雲撥無彩霞

花開大地春

七九

暗水流花遠

春風坐草堂

八〇

杖藜登五嶽

載酒遊三峽

八一

群鷗知浪趣

野鶴樂風威

八二

孤鴻知浪趣

雲鶴樂風威

八三

心與白雲閒

意隨流水遠

八四

摘茶思妙句

展紙抒真情

八五

聞桂酌陳釀

仰天想白雲

八六

銀漢星垂地

黃河浪接天

八七

適意觀魚鳥

忘言對詩書

八八

樵歸山帶雨

舟過水生風

八九
靜處景俱勝
閑中趣自深

九〇
靜觀松濤起
臥聽仙鶴鳴

九一
靜觀松濤舞
臥聽山鳥啼

九二
簷築鳴心鳥
院栽奪目花

九三
朧竹和煙淨
江梅映雪香

九四
鐘聲古廓外
人影夕陽前

九五
鶴遶楓山舞
人對碧海吟

九六
讀帖靜裡樂
尋梅閒中忙

九七
松風煮新茗
竹雨談古詩

九八
風曳松聲靜
山含曉氣消

九九

茗香閒裡味
棋陣靜時聲

一〇〇

紅梅因雨妍
翠竹依風香

一〇一

雅情青松古
逸趣白雲悠

一〇二

竹影弄秋月
山居看白雲

一〇三

低雲過白雁
奇石垂老松

一〇四

細雨魚兒出
微風燕子斜

一〇五

李白邀月飲
莊周化蝶遊

一〇六

魚躍水微漾
鳥鳴山更幽

一〇七

山氣竹聲韻
石清蘭自香

一〇八

雲散星攀嶺
風動鳥迴山

一〇九
山氣生詩筆
雲煙入畫情

一一〇
白虹時切玉
紫氣夜千星

一一一
黛色簷邊起
清香竹裡來

一一二
天險憑巖鑿
廣閣迴風奇

一一三
靜思興無盡
劇談歡有餘

一一四
山氣生詩興
梅香入書情

一一五
枕上乾坤靜
夢中歲月閒

一一六
夢醒風開卷
詩成鳥送歌

一一七
遊山閒裡味
臨池靜中機

一一八
世態孤雲幻
吾情白鷗閒

一一九

清風知我意

明月透人心

一二〇

庭桂老於我

斜陽紅上樓

一二一

俗緣猶未斷

雅事每迎嚐

一二二

滿谷山雲起

侵籬澗間懸

一二三

風月時來往

雲山自古今

一二四

梅供一椀香

雲捲千峰色

一二五

詩思竹間得

道心塵外逢

一二六

讀史如歷古境

見梅即入深山

一二七

茶煙梧月書聲

竹雨松風琴韻

一二八

松柏共度山居歲

賓主常歡人間春

一二九

一樹老梅正臥雪
萬點新苞半遮天

一三〇

煙消門外青山近
露重窗前翠竹低

一三一

竹從春復知無數
花自山來別有香

一三二

慣於河畔踱小步
樂哉鐙下作長吟

一三三

檜作風聲寒伴夜
梅含雪意春殘時

一三四

偶呼明月問千古
曾與梅花住一山

一三五

萬頃煙波看起伏
數行梅竹自橫斜

一三六

松葉欲動看愈好
梅苞未裂意先香

一三七

乍暖乍寒梅信晚
一呼一應鳥聲頻

一三八

小留詩客三杯酒
乍看山園幾片雲

一三九

客去茶香留舌本

睡餘書味在胸中

五、翰墨

一

師法造化
妙得心源

二

晉韻魏勢
苦海禪心

三

書畫同源
天人合一

四

畫自書來
天與人合

五

畫無定法
書遵嚴則

六

意寫石門
神遊雲峰

七

神遊石門
心住雲峰

八

夢游石門
心住雲峰

九

藝湛在法
神溢於情

一〇

剛日寫碑
柔日寫帖

一一

畫無定法
梅有真情

一二

虛名不久
至藝長存

一三

虛名不久
至藝長留

一四

耽書明志
極藝悟禪

一五

方圓精熟後
剛柔參差來

一六

百年書法裡
萬象畫圖中

一七

品別真高下
藝留古乾坤

一八

得意長鋒筆
入神古版書

一九

畫分東西界
書通南北朝

二〇

筆神窮晉髓
詩妙得唐心

二一

龍門極方趣
雲峰脈圓跡

二二

禪向空處悟
書從法上活

二三

舉杯問明月
學書師古人

二四

藏書大富貴
揮毫小神仙

二五

書從性情出
胸比江海闊

二六

著書尋真解
臨碑去浮華

二七

遊戲鐘鼎上
縱橫晉魏間

二八

豪禿書滿壁
人老氣如虹

二九

用筆燥衰敗
度日足中安

三〇

腕僵多動筆
氣虛常挺胸

三一

不逾規矩外
深入巧妙中

三二

風月幾枝筆
江山一層窗

三三

江山畫不盡
宇宙窗常開

三四

去時心無稿
歸來畫滿樓

三五

石門通天嶮
泰山臨絕崖

三六

文章千古事
孝友一生心

三七

文章千古事
風雨百年人

三八

巧思通阻嶮
懷能創奇逸

三九

開卷入桃源

動筆見梅嶺

四〇

推敲詩入畫

潑破墨生花

四一

揮豪趁今日

著書遺餘年

四二

不問腕下弱

且作碑中遊

四三

頓挫寫籀篆

方圓入草情

四四

得意湖州筆

入神石門銘

四五

山氣生詩筆

雲煙入畫圖

四六

筆聒詩意厚

墨舞幽情深

四七

文章資世用

山水與神遊

四八

偶書亦有得

力行斯無愧

四九

品茶清肺腑

研墨篩俗塵

五〇

山高知風意

筆軟悟書情

五一

煙塵目欲老

筆墨趣方殷

五二

筆硯歲月久

丹青春秋妍

五三

笑我右腕鬼

驚君左筆僊

五四

臨功靠工力

自運靠天分

五五

百臨鄭義筆

一會莊周心

五六

學尊孔孟旨

書逼晉魏神

五七

下筆處處梅嶺

開卷步步桃源

五八

百臨鄭義碑意

一會莊周心聲

五九
筆痕墨跡印鴻爪
不理山崩上畫樓

六〇
園中草木香無數
筆下波瀾老更成

六一
臨池隨處是淨土
閉目思時皆名山

六二
揮毫狂臨張旭草
信手翻讀李白詩

六三
展紙方知山是畫
舉頭恰見月在心

六四
學書不勤空費力
作人無定自惹煩

六五
入世恰似合僧侶
作畫不學野狐禪

六六
羊豪質柔力透紙
梅花色淡香滿園

六七
晚來書畫方知趣
卻喜歲月尚有餘

六八
一角小園武陵境
幾行大字張旭情

六九
斗室臨書真得計
高山攀岩且不急

七〇
酒因勸客小盞飲
句到驚人大筆書

七一
書畫初能常自是
學問深時感不足

七二
久住東鄰嘆無聊
初臨北魏感生澀

七三
身無遺憾常安枕
心有餘閒自寫梅

七四
斷雲新月供詩句
蒼檜丹楓列畫圖

七五
守愚不懼世途遠
臨池動覺天地闊

六、品藻

一

江山如畫
經史皆詩

二

畫自書始
人貴品高

三

書貴脫俗
人要藏拙

四

雅俗共賞
古今相承

五

淵明形神怡
樂天心身適

六

多好竟無成
不精安用移

七

文明冠此世
禮樂見斯民

八

書道今誰慕
正義古所尊

九
黃河奔千里
蘭亭留萬年

一〇
玉人心如鐵
菉葹情似水

一一
不知法豈可評
祇襲古焉成論

一二
六十年幾枝筆
千萬代一脈書

一三
書為我輩世界
名是俗者天堂

一四
名碑要作詩句讀
忠言宜當水聲聽

一五
壯士拔山伸勁鐵
寒猿戲水撼枯藤

一六
友如作畫須求澹
山似論文不宜平

一七
李白但求詩意美
張旭不問書價高

一八
信手之間仍有象
精心而外更無方

一九

萬種翻本今日眼
千金代價古時方

二〇

藝苑花爭千種豔
史車輪轉萬年長

二一

筆力到處神采妙
爐火青時意氣平

二二

好的古典永遠是好的現代
好的創作永遠是好的傳統

七、鑑誡

一

小人當權

大道難行

二

笑面弄權

罵聲遍野

三

慈禧轉世

毛酋還魂

四

趙高臉面

曹操心胸

五

齊魯硬漢

燕趙悲歌

六

史乎劇乎

演者觀者

七

有所為而為

不可去莫去

八

百怨一揮去

片恩永刻銘

九

弄權逞一時
敗蹟紀萬代

一〇

承古得天趣
寵西惑人心

一一

島息天地氣
人違孔孟言

一二

禪心淨俗慮
妄慾亂綱常

一三

聰明知逸隱
榮利慕浮華

一四

古創千秋業
今搏一時風

一五

國象不容破
人格應自尊

一六

邪正常倒置
是非最難陳

一七

阿官焉不作
綱紀自難成

一八

常思國家處境
多法古人言行

一九
國敗身富猶貧
品高書低亦恥

二〇
昏君血染壯士劍
佞官身碎路人石

二一
祈國家太平有象
還人民美滿生涯

二二
德不服人帝成犬
言能符政位自高

二三
山河錦繡人襤褸
文明燦爛道貧窮

二四
作人無欲立成佛
學字不工空費紙

二五
書生萬言不如壯士一劍
政客兩面想將國家分屍

八、題贈

一 碧玲之友

春雨發新象
安家沿舊規

二 題贈靜心小學

春風潤大地
師愛栽校園

三 題贈靜心小學

靜心一生基
曲阜萬載名

四 題贈靜心小學

上天育才德大
母校教養恩深

五 題贈靜心小學

靜觀大地降瑞雪
心賞小園開梅花

六 贈羅汀淋

其人開創新天地
良機永連二賢才

寇培深詩聯集

詩歌

一、言志

一

人來問尺價，寧願作齋僧。
揮筆盡一性，樂作文徵明。

二

老病天然事，不求形似間。
目迓以意書，要駕北溟魚。

三

似為書而來，將留萬紙去。
平生無所求，但契古人意。

四

得意且問志，誤時莫怨人
如何完心願，白髮授童群。

五

敗俗西方來，駭聞諸亂象。
一生親書法，心靜驅風浪。

六

無言思潮湧，揮寫意如龍。
天色任明暗，不移傳古情。

七

傳古甘捨壽，退病苦學佛。
目盲筆未衰，末俗奈我何。

八

酬願百年短，揮毫古稀衰。
不信老將至，健步出山扉。

九

餘生一事珍，承古傳今人。
慎勿闖魔道，悔時鬚髮銀。

一〇

貧富終無別，得失一念通。
樂憂在自取，心志躍窮穹。

一一

我狂人不知，虛妄固非欲。
餘歲猶方長，清和志自足。
澹遠地常闊，樸真天所屬。
臨池會古人，小隱為絕俗。

一二

晚來傳書翰，問我志何堅。
茫茫人海裡，渺渺宇宙間。
金多心反累，名虛身無閒。

故引雕蟲道，周結百年緣。

一三

士求垂千古，吾偏重此生。
為國捐忠烈，從師看性情。
筆墨胸中物，清操身後名。
沙漠風寒苦，何妨攜手行。

一四

身障心如火，朝夕思執鞭。
門生懈半途，登山兼承歡。
此情固足珍，何忍初願捐。
默祝有志者，忙中多拾閒。
我目終將明，傳爾盡餘年。

一五　庚午仲秋有感寄興書與韻皆不諧也

既叩道之門，立志須及早。
率然慣塗鴉，焉臻人俱老。

風雨忽十年，月明知髮皓。
徒悔事已遲，夜深空自惱。
莫為名利忙，持由為溫飽。
藝俗他無益，興敗如山倒。
勸君堆筆塚，今生趣可保。

一六

十載授書始覺難，神駒也得猛加鞭。
縱韁八十中秋月，要見幾人在我先。

一七

三壽稀齡晚暉斜，依舊小苑吹薪花。
縱觀舉世無淨土，且為千秋塑奇葩。

一八

不見煙巒不見天，百花無色益安閑。
但能視得諸生影，竊喜授書未空彈。

一九

不祈高齡祈畫齡，拾閒寫著承古風。
今年燃薪未及百，三代師材已養成。

二〇

不著形矩意通神，盲叟初得書中真。
夢中不忘蠅頭楷，終將一日令爾驚。

二一

天光樹影處處佛，不惑聲色念無波。
四尺榜書試腕力，仍將閉目寫山河。

二二

天涯一見忘年知，待我如父亦如師。
論畫授書四十載，兩地傳薪志同癡。

二三

四尺榜書範諸童，歡聲悅耳慰書翁。
傳薪便覺人未老，遙向白雲祈長生。

二四

左體萎癱右腕縈，目不染塵心海明。
金丹寧換宣城紙，陶侃運磚我舞形。

二五

矢志授書正壯年，額懸山舍已三遷。
無心雪泥留鴻爪，為留古法在人間。

二六

好逸奮起唯一心，有志不降病纏身。
筆墨失嚴風骨在，今生不作畫瓢人。

二七

年來漸覺事事迂，且盡餘力授草書。
恰似元章紅縣帖，殘汁絞盡力猶堅。

二八

老來不喜涉經營，多金徒使心律頻。
一毫在握神仙界，君王看作蟻螻輕。

二九
西藏仙丹長白參，信能還我千眼身。
明晦殘年終須過，祇要心得贈門人。
三〇
每問傳薪究為何，守真務本百年過。
尤恨古人不見我，未聞一句辨清濁。
三一
東吳威勢早成灰，傳世僅殘神讖碑。
天降吾才如有用，問將何物留與誰。
三二
杯水菜根貴無求，書中至樂消萬愁。
亂世餘生七十五，展素猶思寫千軸。
三三
室外如雨又如風，說是遠近霧濛濛。
我憑一心待天日，無非守序傳書盟。

三四

既無才略干庸政，更匱飽學著史章。
一意只求書中樂，跨出幽谷路轉長。

三五

留去又臨取捨關，都勸生死委諸天。
吾執人定勝天意，光存一線書可傳。

三六

祖訓父言未盡從，兒孫背叛逆料中。
長鋒一管遊天下，為使古法傳菁英。

三七

能分光暗已稱心，強過生來無目人。
七十功力承古法，口述再傳三十春。

三八

授書論畫一夢中，人聚人離總成空。
老後山居不歇筆，執著筆墨鑿古風。

三九
論畫授書一夢中，人離人聚總成空。
老後深居不歇筆，執著仍為傳古風。
四〇
都說心曠病自癒，惟有如來無罣牽。
書法矢志傳後世，未知餘壽有幾年。
四一
視覺愈衰志愈堅，肢軀雖老心猶歡。
執著一念矢師表，要把古訣留人間。
四二
雄心不退神自清，荒田從未為己耕。
舉麾盡瘁千里陣，信知騎後皆精兵。
四三
感傷落淚徒無益，勝負大關一念區。
一心承傳無他欲，豪情豈受病魔抑。

四四

想做隋唐以上人，目送道昭丹書文。
沽酒攀崖奉刻聖，授我逆力鑿石門。

四五

詩情墨跡為誰留，藝林自古爭封侯。
勸君勿取譁眾寵，一生祇與古為儔。

四六

厭聞亂政且打油，劫數在天我何憂。
花香鳥語庭前後，續傳書畫廿春秋。

四七

髯叟贈齋名了然，臨池潑墨如學禪。
尚殘一目半將了，寫成萬紙不賣錢。

四八

獨目半跛一臂殘，萬般心境訴筆端。
餘生只為傳古法，不許歪風捲狂瀾。

四九

牆邊雜草偶見紅，階砌略可分直橫。
但使能讀六朝揭，十年寫碑三百通。

五〇

斷足鋸肢同一爐，方感上天厚我殊。
縱使雙睛乏回術，快然口授晉唐書。

五一

一寫梅花情萬千，盡在點畫碑帖間。
古人留下迂迴路，何妨由我成大觀。

五二

老梅播種接新枝，畫藝薪傳須及時。
兩載吸得根中液，又見繁花舞輕姿。

五三

拙蹟可留可不留，宛似長江一沫遊。
揮毫汗湧心止水，虛名俗宴不復求。

五四

果少老梅斷為材，喜留三尺滿蒼苔。
生當腕健多搜稿，莫待年老空自哀。

五五

俗事常感進退難，蜜時失格疏招嫌。
寧捨浮名求一淨，堅追文翁不賣錢。

五六

前人名顯藝成後，今世塗鴉浪得名。
欲築高樓置厚基，千年神木信天生。

五七

病苦方知世人悲，書生無力復何為。
同心惟有門中輩，報國且憑大筆揮。

五八

授書千百梅五十，多少得傳未可知。
願見青出承古法，今生不悔妄為師。

五九

授書千人梅五十，幾人得傳未可知。
願見三兩承古法，不愧今生妄為師。

六〇

百萬雄兵蠢者夢，一枝筆繼五千年。
不為煙花迷肉眼，且自書天識慧天。

六一

花飛葉落春去也，山居已非了然齋。
殘年若有兩三載，仍將古法傳後儕。

六二

雙目已盲不甘盲，立志塗鴉寫文章。
揮寫榜書三萬紙，直到天賜一線光。

六三

多少不平宜深悟，不能識字逼作書。
老年百病皆自取，矢志傳薪一如初。

六四　創設泰山堂

十載胚胎娃落地，壯哉弘文泰山堂。
氣勢儼然千秋業，傳薪星火耀國疆。

六五

三桂病狂引清兵，誰勾櫻鬼篡書名。
痛見惡札謀正位，恨聞敗子賣家聲。
簡字遺毒招天怒，硬筆有意害幼萌。
隻眼獨臂揮禿劍，誓退妖氛守孤城。

二、述懷

一

我究何所屬，碑意與梅情。
筆墨心合處，意念轉空明。

二

不問百年業，祇思明日工。
心凌萬物外，惟與筆墨通。

三

盲人執筆苦，留聲不留文。
好事理成句，心得一點痕。

四

十載秋風過，師生共一涯。
昨談逸少草，今抹元章花。

五

天地一枝筆，河山到處家。
翰緣無久暫，晚翠喚朝霞。

六

三載期明復，五年作回顧。
拄杖任所遊，筆法糾偏誤。

七

目疾愁愈重，寫草見風神。
書翰絕來往，性情日簡真。

八

沉疴起無力，振作又題詩。
無關身後事，衹為書與痴。

九

自幼不讀詩，老來喜弄句。
病中聊自遣，此外無他意。

一〇

治學百年短，振腕古稀衰。
何去何從處，亦哭亦笑非。

一一

重病方知樂，彌勝無憂時。
眾弟圍膝坐，論書語如詩。

一二

退居山霧裡，托病養清逸。
書外無他事，鳥鳴園更寂。

一三

院坐對松語，開窗如鳥鳴。
揮毫任本性，待人傾真情。

一四

深居有常客，推窗聞樹香。
一生坎坷路，八十意書狂。

一五

細雨送秋去，寒風示冬威。
八十人書老，青春喚不歸。

一六

風雨驟來去，晨昏一夢分。
寫梅理雜念，隔水幾朵雲。

一七

好夢醒中斷，思繁恨夜長。
年年送新歲，歲歲增新傷。

一八

五歲習書法，三十寫梅花。
古稀失雙目，辛苦何所為。

一九

日待沉痾去，梅開又幾春。
衰年月近短，奈何閒裡人。

二〇
花樹影連影，百鳥啼同聲。
霏雨共一色，吾心晦處明。

二一
秋到新城滿，故鄉已秋涼。
何時待飛雪，忽聞梅花香。

二二
年華不復始，話舊可常新。
寂寞思寒梅，香發百年春。

二三
心惡天地怒，政敗風雨頻。
養日靜思處，生死一從容。

二四
吾壽暫如螢，放時空無爭。
意眼人間事，微光識隱情。

二五
桂香夜入戶，寒雨打山莊。
低首思明月，清光洗故鄉。

二六
野梅江畔路，獨步晚歸人。
遊子影憔悴，落櫻正繽紛。

二七
寒天連苦雨，久病煞愁煩。
歡笑隨年去，詩情暖心間。

二八
轉眼移幻影，塞耳不聞風。
梅態心中寫，好詩夢裡成。

二九
靜中每寂寞，揮筆寄凡思。
梅態滿胸壑，相契誰人知。

三〇

靜坐萬山碧，多聽世事悲。
梅花圈點後，似渡幾輪迴。

三一

不知何處來，空慮何方去。
今朝且簞瓢，鳥啼花香路。

三二

妄想終成幻，悟空返如真。
遠離諸罣礙，畫意油然生。

三三

有為百歲短，無事寸陰長。
世界風光麗，不若几蘭香。

三四

海棠浮松翠，新綠鑲淺紅。
頓然起畫意，薄霧遮眼明。

三五

疲極一段路，意盡幾首詩。

揮手天涯外，茫茫無所期。

三六

遠山迷近樹，人意吻天心。

走過不平路，快然羅漢身。

三七

靈窗天不開，多想徒增慮。

善用風燭年，枯松花新綠。

三八

坐久桂香入，微風逐遠霞。

新斑初到鬢，鄉夢每還家。

三九

一生赴國難，六十又歸根。

筆花歡晚歲，盲眼度晨昏。

四〇

一生風雨險，老病入寂沈。
無寐濾往事，冥思待黃昏。

四一

七十未悟道，恍然詠金剛。
天人本一體，世象何須傷。

四二

三年病未起，人物幾變遷。
道旁樹已廢，石間花舞殘。

四三

大夢吾今醒，八十返童顏。
恕人雲霧散，責己跪佛天。

四四

小敍勝瓊筵，聽經遠塵凡。
半生一病儒，碌碌藝海邊。

四五

已識故鄉情，不再思故鄉。
故人不復在，新貴霸墟荒。

四六

不怨今生碌，那知來世閑。
生生無限因，順之且安然。

四七

不覺又炎夏，傷蟬報曉昏。
藏卷目難理，他日贈何人。

四八

古諺如明鏡，多言招是非。
知仁徒無益，含淚酒一杯。

四九

未讀萬卷書，萬里艱辛路。
恍惚八十年，死生不知處。

五〇

目閉俗囂靜，耳聽犬吠嘈。
夢殘思未斷，年老氣猶豪。

五一

目矇厭陰雨，隔窗不見天。
懷舊難入夢，更衣迎新年。

五二

多情招俗累，輕義本願違。
山居逍遙歲，自加銅鐵盔。

五三

多餘問生死，謎底操之天。
壽數誰能改，朝朝樂陶然。

五四

妄慾滅生機，事多累苦煩。
悟通生死意，心劍斬愁天。

五五

老病惜分陰，往事多迷誤。
院樹年年青，時然成枯木。

五六

奇禽歌戶外，寒意透房來。
又是年關近，靈窗何日開。

五七

定命天外界，生俱苦悲來。
好景不常生，真情頻受摧。

五八

居遠客音少，情深話轉稀。
思多晝夜短，老後路何曲。

五九

長夢縈懷事，醒來境已遷。
驚起寒襲指，娓語立床前。

六〇
春來寒未去，長夜夢未成。
枕上何所待，一聲白頭翁。
六一
苦海濤浪緊，澄渟轉念間。
心離虛幻象，千里一帆懸。
六二
風來竹影碎，雨過階無痕。
分合百年後，風雨一如今。
六三
風雨日夜昏，蒼天戲盲人。
豪情無去處，求夢會洛神。
六四
時覺天向晚，桂香因霧遠。
獨居山樓靜，空嘆人生短。

六五

海外無明月，天涯有知音。
烏雲籠大地，何處可安身。

六六

粉骨捐家國，一生為情誤。
緣孽孰能分，通悟是歸路。

六七

衷言吐已盡，揮淚忍相別。
連日風雨緊，遠天雲未歇。

六八

情緣前世厚，言語今人輕。
感時常流淚，奈何新世風。

六九

欲消心中累，先解生死謎。
今世繫萬緣，無求轉神奇。

七〇
淚停亂夢續，夢斷淚又滴。
自問悲來處，人心何曲屈。

七一
鳥唱隨風遠，魚游從水行。
七十不逾矩，一任自然情。

七二
富貴眼前雲，成敗無定論。
終身持所好，性情隨緣份。

七三
朝應蟬聲起，簷前不見樹。
不為來時憂，祇悔半生誤。

七四
絕症從天意，乞憐徒無益。
世人賞花開，誰睠花落時。

七五
萬物循天律，無時不奇逸。
獨何戕我甚，本性乃大敵。

七六
話息人煙散，藝翁脫塵煩。
心身交瘁盡，生者有愧顏。

七七
頓然若有悟，執著招俗煩。
虛幻人間象，七五始合緣。

七八
夢迴天籟靜，濛濛待晨暉。
雨後花光豔，否極泰氣來。

七九
糊塗度日易，多思墜情傷。
滿苑花濺淚，何若霧茫茫。

八〇

衝破萬里浪，求天無回應。
復見險濤頻，問心悔多情。

八一

諸賢杳然去，後起苦相煎。
靜觀藝世界，捧腹一無言。

八二

獨坐天地靜，聽經凡累輕。
簷邊重新葉，告我意向榮。

八三

靜揣古人志，洞察今世虛。
勇經百死劫，竟卻晚風襲。

八四

禪心仍有淚，明月山後光。
雲影無聲遠，人情苦短長。

八五

聲色眩耳目，狂想滅本真。
治得清溪在，潺潺長流存。

八六

叢嶺橫秋氣，衰肢立晚風。
豪情姑自賞，白髮一書翁。

八七

藝涯無止境，人事有終結。
善耐晚風寒，莫悲月影缺。

八八

藤紅瀉滿地，殘暑不疑秋。
冬來寒日短，一歲又難留。

八九

廿載捐俗念，長几一盞燈。
世緣終有了，書跡古今承。

九〇
勝事如昨日，斜陽已向田。
渾看今世態，梅外皆茫然。
九一
體隨盛氣敗，福在不解中。
承傳應非過，成敗任從容。
九二
回顧忙碌人，安然我獨悠。
日食三餐外，惟與筆墨儔。
九三
孤燈一禿筆，晉魏百年心。
傳古幾人得，亂世無舊新。
九四
七十漸開悟，萬事不離空。
日剝一層累，心輕似頑童。

九五　泰山堂書懷

病危滋新愁，至愚不可怨。
輕舉泰山堂，改顏無妙術。

九六　泰山堂書懷

恨諒一念間，損益身後遠。
八十一回首，惟有為師難。

九七　病榻立志

年節一激忿，傷腦幾成痴。
仰天拭寒淚，不再為人師。

九八

積愁靜裡遶，不平夢中消。
古卷浮塵厚，蘭香韻味嬌。
偶然揮大筆，草意老來豪。

九九

病中不寂寞，朝夕有客來。
話今愁眉鎖，懷古笑顏開。
帶羞示近作，妙語讚長才。
此境何能得，夙緣前世栽。

一〇〇

一月一歡聚，春風引我坐。
問碑臨幾通，低首笑顏破。
忙裡惜閒福，筆端消病禍。
目送眾影去，娓聲催主臥。

一〇一

萬里歸鄉意，風狂路不平。
夢中人猶在，雲中樓已容。
家訊如驚鳥，俊傑不談兵。
夜深雲影亂，揉眼得晨鶯。

一〇二

宇宙邈無邊，時梭不可及。
生死飛螢火，得失和氏璧。
權極民龜裂，樹衰葉滿地。
吾獨書中樂，一靜享高趣。

一〇三

年日風雨急，身心皆無力。
揮毫氣不支，寫詩不得句。
晝思多傷神，夜夢荒無際。
醫言情由衷，盲癱何足懼。

一〇四

佛說為苦海，西諺為世界。
莊子化夢蝶，吾生溺書穴。
不寄三千尺，不捲輪迴孽。
不慕天堂福，不恐地獄虐。

一〇五

放眼無淨土，生涯墨海游。
覓句遇李杜，臨篆到商周。
人老慨凋散，政昏堪悲憂。
只待嬴秦滅，荷硯歸青州。

一〇六

久病諸天小，多夢晝夜長。
清風蘇蔞志，晨曦拓新疆。
生死置度外，名利跺身旁。
窗外談花樹，心扉一抹香。

一〇七

自幼愛梅花，莫非性情近。
胸中常有稿，紙上每無韻。
偶爾信手塗，不敢動師問。
師勉才可嘉，亂題舒積悶。

一〇八

吾愛林處士，梅妻鶴子情。
身避塵囂外，心閒香雪中。
不為虛名誘，不同俗影行。
我亦愛梅人，卻無隱者風。

一〇九

病老方知退，置廬水源頭。
抬望丘壑遠，迴視松竹修。
既無黃州苦，時見南山幽。
半杯葡萄酒，揮筆解千愁。

一一〇

寄居南地暖，心繫故園寒。
疏影曳窗碎，薄冰映珠圓。
童年回眼底，斜陽近山邊。
渾對今昔事，梅外皆茫然。

一一一

遍歷人間苦，晚入筆墨鄉。
不羨花世界，只待明月光。
平淡情意長，急莽法不張。
細思筆生韻，氣緩墨自香。

一一二

靜恬又數日，雨冷未出室。
枕上悔陳事，夢中遇故知。
心比閒鶴靜，書與草仙痴。
究竟人未老，雅興寫梅枝。

一一三

體衰興未弱，盲眼點繁花。
筆健幹行遒，腕懸枝橫斜。
銀勾花如幻，鐵線併蕊發。
此生學梅性，寧伴野人家。

一一四

山舍退隱人，不思涉凡塵。
解衣松下坐，脫履草上吟。
訪客皆知己，微風奏雅音。
鷓鴣高處唱，往來千里雲。

一一五

掃階天方曉，入老喜深藏。
山僻閒行遠，蟬鳴晝睡長。
雨後庭草綠，風來墨池香。
松濤看不厭，禿筆揮欲狂。

一一六

客路扁舟上，夢迴大地邊。
心潮擊峽岸，淚影訴雲天。
碌碌拭白粉，忡忡羨老禪。
何時解真意，擱筆問前賢。

一一七

翠松連野卉，金桂倚高牆。
麗影清廣院，老人亂畫房。
有感自流淚，微醉客共觴。
步歸天色暮，窗外又茫茫。

一一八

久不見高堂，迢迢繫所思。
雁書猶未期，肝膽親相知。
論畫中秋夜，吟詩月滿時。
空明天無明，寂寞誰能知。

一一九

名蹟無數卷，蕩然一無存。
斬清愛物累，應可保殘身。
珍惜眼前福，一心詠詩文。
山居來訪者，視比骨肉親。

一二〇

七五辰如昨，日向七六側。
細雨打花蕊，急步報速客。
薄霧山迷離，孤燈人寂寞。
香茗遠來情，對賞鳥聲作。

一二一

人去行館空，今成遊者鄉。
史垂身後寂，名噪累中忙。
十年人獨老，兩代國未強。
守分共梅性，堅直不輕狂。

一二二

林暗毒蛇蠕，葉腐疫蚊生。
不作史可法，寧為清掃工。
雨過蛇攔路，葉落驚蚊飛。
頓畏行路險，無暇憂眾生。

一二三

晨暉入戶暖，小坐思無邪。
煮茗待高客，執帚掃落花。
豪情應如舊，畫興久未發。
鄰婦除庭草，機聲響喳喳。

一二四

屋廣閒更少，小樓今若何。
方登雨落幔，欲臥風卷魔。
字敗非同筆，人舊厭新歌。
偶臨石門頌，夕照漾微波。

一二五

萬里歸鄉路，夢中不計程。
雲門無人影，白駒孤鴉鳴。
舊園楊柳萎，小橋土石傾。
何年持畫筆，再寫青州城。

一二六　述台中獲獎

餞動瓊閣上，初識強喧歡。
互舉陳年酒，各炫得意篇。
資深整襟坐，官顯贈妙言。
一覺繁華夢，歸車又入禪。

一二七　泰山堂書懷

晝夜久顛倒，淚流不自知。
往事漾愁漪，新錯吞苦汁。
封筆尚覺早，吟詩難自持。
殘年究幾何，晚照何遲遲。

一二八　泰山堂書懷

圓缺人間事，變常吾不疑。
疏密且隨緣，冷暖應自知。
傳授契相投，悲歡一場戲。
久暫勿執著，聚散從天意。

一二九

七十彈指間，百劫改童顏。
對鏡鬚添雪，揮毫墨墜斑。
浮名雲霧散，夙願金石堅。
步履輕健後，棄杖登黃山。

一三〇

左展二王帖，右執京滬毫。
一咳讀幾字，半醒度終宵。
好月東窗影，遠風西峽濤。
長途誰共往，大地一翔翱。

一三一

立閃烏來上，巨雷響四空。
明窗打陣雨，高樹搖勁風。
書與止枯墨，詩句敲啞鐘。
苦待風雨過，曲徑信步行。

一三二

圖騰十萬載，陶彩八千年。
吾生一粟渺，大地百劫連。
魔來學打虎，險跡坐聽蟬。
與爾同揮灑，壯緣接老緣。

一三三

煦風逐遠去，一夜好夢長。
翠鳥啼晨鐘，移坐沐朝陽。
天下本無事，庸人自攪狂。
心安野花靜，忘形故園香。
指畫三峽勝，意寫蘇米黃。

一三四

數日體無力，一覺豪氣來。
狂草將進酒，吟會李太白。
禪坐朝陽下，心離俗塵哀。

過八易望九，盲臨五十碑。
不讓弘一美，直追右軍威。

一三五

巍哉燕京城，高古世無比。
再見跡已絕，空林滿螻蟻。
新識意漠然，舊交音已矣。
外貨別貴賤，特權分尊鄙。
骨肉得重逢，相對泣無語。
家國夢俱失，茫茫歸途裡。

一三六

臨池訪古道，年久跡已荒。
雜草覆滿地，奇卉隱道旁。
朵朵生有時，古道去有方。
泛泛過路客，蹉跎怨流光。
夕陽下高嶺，低嘆復徬徨。

猛然揉倦眼，進退兩茫茫。

一三七

天地邈無極，吾生暫且促。
智愚判取捨，行藏殊瘠沃。
昔賢勸知命，今世舞狂曲。
高廈排天際，百年其誰屬。
晚歲尋桃源，欲離聲色毒。
俄然一回首，疲矣南溟鵠。
何若輕展翼，悠悠燃風燭。

一三八

誰來亂世中，劫難誰之故。
浮沈大海間，終有歸根處。
彈指百年夢，七十如一顧。
再顧戀之深，香壇留不住。
幸我尚闊達，隨時安所遇。

生死一念通，名利何須慕。
日寫梅數幅，快哉寫此趣。

一三九

有生自有常，情欲與之俱。
避虛而就實，讀我萬卷書。
無智亦者愚，真善美是趨。
人欲壑難填，純青學老儒。
池墨非為名，樂釣不在魚。
世態洶濤險，從容莫問巫。
萬事隨遇安，夫復何所虞。

一四〇

昔時無展風，帝悅輒留名。
今日展如市，人人用奇兵。
嬰兒方學步，舉止效公卿。
師承不可見，敗筆似斷箏。

蟫笑不知醜，猴躍逗人驚。
最恨認賊父，屈膝跪東瀛。
兩岸民同性，祖田輕廢耕。
非我獨孤僻，思古淚常盈。

一四一

窗前筆架峰，峰雲長相護。
下有青潭溪，接雲不見路。
夢裡峰中峰，遇人多舊故。
銀輝映其身，鬚髮多增素。
春來風如蒸，雲間繞煙霧。
秋日未捲簾，新綠惹人妒。
鳥鳴織曉昏，覓之難一顧。
展翅已入雲，南飛落高樹。

一四二　徹悟晚年愚行

蟲蛀泰山倒，殘年徵早終。
心力已耗盡，壯志至此窮。
重病陷泥沼，百振不能起。
十載書情契，師生皆知己。
八十復何求，祇為承傳計。
問心一無私，堂角釀風雨。
萬瀆歸己身，世道應如此。
情操可美育，根性孰能抵。
醒時恨老昏，捶枕泣無語。
往者笑已矣，來者慎輕舉。
蜉蝣彌天地，成敗同如洗。
振腕欲草狂，已無握筆趣。
山居將何了，順天應如意。

一四三

來時不知何處，歸去滿面春風。
一日哇哇墜地，抓筆再寫文公。

一四四

佇坐半日對窗櫺，花木欄杆皆矇矓。
三年若辨窗前物，恭寫心經一千通。

一四五

老梅枯盡有人憐，好卉能耐幾度寒。
萬物榮衰窮奧理，旅途久暫一往還。

一四六

半生碌碌為觀梅，風摧雪凍心不灰。
一枝在目天工巧，早忘厚顏黨政魁。

一四七

訪客歸談鄧尉園，百年老樹慶猶存。
若得一榻梅下睡，勝過皇宮宰府門。

一四八
胸中有意吞丘壑，筆下無才躅前賢。
年老更多入夢幻，魂遊蘇杭寫梅妖。

一四九
山居日會形色人，閒話世情如翻雲。
萬物興衰天有律，放懷展翼遊乾坤。

一五〇
知足山居淨無塵，清粥蔬果養殘身。
不究生死緣由處，衹待客來論古今。

一五一
肢癱目暗今兩年，終日病床作睡仙。
書法已傳心願了，訪入深山遊不還。

一五二
客旅險夷不可說，書人失目腕猶活。
心眼為帥揮不止，方知書情以意得。

一五三

無冰無雪迎新春，喜見山居客如雲。
但得百病隨寒去，再懸牆壁寫石門。

一五四

試作草書腕不衰，七十靜待九十來。
我生何必留一物，滿院山花信手栽。

一五五

一言一笑皆是緣，山舍論書意何閒。
嶺上清風空來往，花間松頂鳥聲喧。

一五六

一段俗緣從此消，滿樓書稿痛一拋。
幾人常念舊情義，賢者身後皆蕭條。

一五七

人過三十風情雅，書到半狂格調出。
不敢繪思廿年後，一屋白髮對老嫗。

一五八

十載滄桑數過從，久別猶念初識容。
正說歲暮昔人遠，白髮忽來問筆鋒。

一五九

三載抽絲不為長，強似病鯉下長江。
今晨忽見黃蟬色，不日應可讀二王。

一六〇

大病皆由往事積，嗔痴入骨神不醫。
吾且痛悔惜晚歲，回枕半眠思古蹟。

一六一

小龍屹立巨龍矯，孔孟哲言領風騷。
舉世心靈尋歸路，諸神興嘆雲天高。

一六二

天加重病省悟深，光陰可用應自珍。
慾迷情亂禍之源，書汗寫成羅漢身。

一六三

月中一聚笑顏開，隻字未書坦然來。
受者疏怠自有理，為師自始不心灰。

一六四

世道艱辛雞犬知，陣陣風雨花離枝。
且安山居尋古趣，意寫狂草不問時。

一六五

北雪西風災禍天，物貪慾戰命相煎。
若問生機在何處，炎黃道統必為源。

一六六

半生悲國再無淚，身世崎嶇自呻吟。
燈下揮毫作舞劍，待拭盲眼看陸沉。

一六七

同是天涯淪落人，十年書海論古今。
清茶香伴笑聲遠，窗外風急天正陰。

一六八
有話人生七十始，又說八十松鶴齡。
吾今居間難進退，筆墨養成百歲翁。

一六九
老年滋味醇於酒，以心運筆樂似仙。
神隨力接古人意，橫阻洪水猛獸前。

一七〇
老病連連恨早年，朽枯始悟為情纏。
僅殘一腕能握筆，日揮百紙作償還。

一七一
依籬拄杖仰蒼穹，一片茫茫意暝暝。
滄海潮邊一沙粟，放懷運指會文公。

一七二
明暗葉花愈不分，神醫初示十載心。
達人不為天命怨，閉目意書寫石門。

一七三

門人奮作慰師心，粗判寫形漸有神。
書畫一朝忽通會，題詩立見三絕塵。

一七四

洛許古碑義所宗，賞心北魏夢成空。
萬般遺恨結眼底，門下群英慰平生。

一七五

為人為己兩為難，理稿臨池夜風寒。
俗雅之間難分界，珍惜分秒度殘年。

一七六

胎死高齡意盡同，無非塵土一場空。
苦思百年究何為，暗笑顛素狂草情。

一七七

苦分明暗不如盲，少看世態心自強。
無燈對紙意揮腕，口授草書指影狂。

一七八
能安能忍待天憐，指畫心鈎意氣閒。
十載養得老體健，時然重見明月圓。
一七九
眼前即是神仙境，何必苦思為來生。
今晨差可塗狂草，來年今日寫黃庭。
一八〇
陰晴冷暖幾十春，已向虛空寄此身。
來本無心歸亦好，名碑留我愛碑人。
一八一
陰晴恍惚日三餐，指畫自敘意欲顛。
詩聖書仙杯中酒，凡心俗墨筆下錢。
一八二
喜見院松影朦朧，眾鳥爭啼喚我名。
此刻有聲當知足，明春研墨寫黃庭。

一八三

悲世憂時學吟詩，詩成不覺夜已遲。
回首七十雨中蟻，且樂殘年授書時。

一八四

悲時淚湧笑時豪，客旅百年誰可逃。
此刻能書千金貴，不聽風雨人聲囂。

一八五

無目授書添新愁，逍遙山野不知秋。
追念前賢堪自慰，勝似蘇公貶黃州。

一八六

童年無淚老時流，悲死悲生不知由。
晚歲草書堆筆塚，胡為花開花落愁。

一八七

慎聘風雨訪師來，喜聞古法廣傳開。
風燭引燃香煙遠，躍起欲書與滿懷。

一八八

愧為人師恰經年，授書差能紹古賢。
且喜諸生離俗偽，中興苦待著先鞭。

一八九

暗喜生言傳薪志，如聞空谷有琴音。
百年來往憂患路，但守性靈一點真。

一九〇

夢境迷離詩滿懷，推敲燥澀如嘔柴。
窮思苦到力竭處，李白杜甫雲中來。

一九一

漫天煙雨掩晴明，竟日憑窗待歲更。
七十二年唯一得，小苑傳薪慰平生。

一九二

緩步登階諸弟來，國情家事各一懷。
無人出示得意作，爭道師病筆未開。

一九三

諸子才高筆不勤，如聞梯響不見人。
墨池筆塚非虛構，吾苑應出幾絕倫。

一九四

餘生久暫不由己，不見日光又兩春。
以意為書性情任，夢中歷舊景猶真。

一九五

靜坐時思遠六塵，此心究竟非佛心。
莫如揮寫暫求忘，且以狂草清六根。

一九六

薪火已傳三代人，目闖立見九十身。
羡煞逾百郎靜老，道骨仙風滿面春。

一九七

靈窗苦我夢亦勞，不忍長毫就此拋。
與爾相知七十載，那分朝陽與深宵。

一九八

一年橫榻千斤重，乍見梅苞天地經。
好夢除夕壬申過，喜聞諸生碑法通。

一九九

一聞階步知誰來，未待門開心已開。
圍坐暢談筆墨事，壁上紅梅如新栽。

二〇〇

人間嘈雜一如斯，亂裡能靜道力知。
莫強人人合己意，要學梅香引客時。

二〇一

力持平靜卻雜思，撰聯問句分有時。
養得天地重清麗，續寫梅花百萬枝。

二〇二

久不寫梅且作詩，詩情恰解梅相思。
尋梅嚐盡風雪冷，何若山居心寫時。

二〇三

久陰總有放晴時，院角老梅發新枝。
路過坎坷見道力，回頭歲歲俱是詩。

二〇四

夕陽遠墜照新城，樹影迷離雲影清。
薄衣竹杖秋風撼，一隻殘蟬作悲鳴。

二〇五

大病加身非偶然，無求寡欲自心安。
深居養得驕狂去，再寫繁梅一樹歡。

二〇六

小苑揮毫王逸少，熄燈覓句陸放翁。
病身不問貧和富，滿地紅梅一夢中。

二〇七

山雷震醒老孤人，正與梅林兩難分。
凌波仙子時隱現，入夢又聞洛神吟。

二〇八

不堪回首香蕉山，七日尋梅不知寒。
知君為我此時放，不聞君香已十年。

二〇九

中夜寫梅性又狂，意猶未盡紙已荒。
一稿反覆塗數過，送我入眠此一張。

二一〇

勿怨幼年未從師，四十起步猶未遲。
今日寫梅今日樂，任人論我不入實。

二一一

午夢銜接夜夢真，人與梅花一情深。
若能取得夢中作，信可昂然傲古今。

二一二

天外心胸度此生，無怨無悔更無憎。
情濤慾海一帆遠，人在梅前心亦清。

二一三

天既盲我心坦然，寡欲無求隨遇安。
簡居養性三年後，再寫繁花滿樹歡。

二一四

天闊不畏烏雲過，花謝花發花苞新。
十載可當百年用，先存好紙等我身。

二一五

尺間視力十里心，紙上梅花映白雲。
萬物何須盡屬我，惟祈終老一情深。

二一六

日登畫樓不見雲，榜字只能意中尋。
曾以圈花稱快事，想梅今比看梅真。

二一七

世情詭譎愈無常，多少國賢老淚傷。
宦海浮沈已見慣，獨聞老梅依然香。

二一八
世間罕見此風標，十里山巒似雪潮。
一枝畫筆揮動處，萬念宜在此中消。

二一九
代代畫家多如沙，唯有俗者一時嘩。
固然文人相輕慣，定見不怕歲月遮。

二二〇
半生情累半生空，幸好筆墨伴俗庸。
世態茫茫無是處，摒捐萬緒寫梅兄。

二二一
四度目盲心已疲，今能揮灑自稱奇。
羨煞佛面三隻眼，可寫繁花與細枝。

二二二
未能免俗愛寫詩，搜遍枯腸寄和思。
羨煞西川張八髯，圖成即便寫清詞。

二二三

未動掛毫已白頭，幾番理稿幾番羞。
學詩千首君休笑，豈為題梅坐立愁。

二二四

未聞久旱不降雨，不信老梅無新芽。
暗室三年日悔悟，何時枯筆再生花。

二二五

亦歌亦舞一波仙，不問冰霜不計年。
莫笑小園來客少，朝夕鶴子兩情牽。

二二六

老來無處種梅花，漫寫斗方只自嗟。
卻羨孤山林處士，數株繞屋便成家。

二二七

老來漸絕名與利，願伴梅花度餘年。
香蕉山裡十萬株，株株結成筆墨緣。

二二八

自古人生一情牽，萬般愁苦向誰言。
此情究應歸何處，滿腹梅花付筆端。

二二九

似為梅花來世界，卻遭俗惑迷本真。
七十方似大夢覺，滿胸梅花化白雲。

二三〇

到處梅花到處春，每朝清談問前因。
一生顛險風寒苦，半是為奴半為賓。

二三一

孤山風韻古今誇，子梅妻鶴處士家。
我亦愛梅成痼癖，臙脂和淚寫梅花。

二三二

忽悲忽笑如兒時，理亂情苦力不支。
空屋蘭香坐老影，百重舊事再思維。

二三三

拄杖庭前學褓襁，立揮榜書氣勢狂。
閉目只覺天合我，好夢不計寒夜長。

二三四

松枯桂落悲無益，且待春蕤目明時。
依舊山居傳書樂，夜夜憩睡好夢遲。

二三五

臥病三年天地悲，寬忍之德苦中修。
梅花滿放情一爽，仍信九十遊蓬萊。

二三六

成乎敗矣一念間，暫指百齡廿五年。
面對萬事同一理，養性執筆不偷閒。

二三七

近賞梅花遠賞人，水到深處無波痕。
七十風霜知寒暖，一只玉壺藏冰心。

二三八

室外梅香室內蘭，晨光暖暖人闌珊。
幾人識我靈中樂，意書狂草天地寬。

二三九

故園垣瓦已無存，海上浮沉道曉昏。
珍重傳家一管在，寫梅千樹為招魂。

二四〇

春秋一色度晚年，花凋人謝各隨緣。
深山坐臥聽鳥唱，揮動管毫作神仙。

二四一

流失歲月追不回，莫若一抛笑顏開。
風動樹搖無限意，揮毫立見老梅開。

二四二

盆梅怒放送香來，胸裡乍時花滿懷。
我友此君勝松竹，寫真千紙不同裁。

二四三

盆梅疏花三五朵，日照土蒸時已移。
此景別有情意在，人能隨緣無不宜。

二四四

負山面峽一徑深，高嶺低窪玉為林。
愛梅弱冠已成癖，攀繞終日為寫真。

二四五

滿院雛鳥笑聲歡，師心雖疲猶怡然。
靜觀豪氣揮榜書，學得一筆可留傳。

二四六

風捲狂瀾水漫天，雨驚魂魄問忠奸。
淡泊平生既無愧，何妨寫梅等張顛。

二四七

風掘樹倒緣根淺，人退病折憑意堅。
拭汗走完靜老路，解衣跨步向遠山。

二四八
病來初見庭前翁，枝葉迷離立曉晴。
何日能如畫師願，要看諸生笑時容。

二四九
病催往事上心頭，人世恩怨難尋由。
真趣唯從畫裡得，淚中梅花朵朵愁。

二五〇
茫茫人海滿浮鯽，但能擺尾當忘機。
近思保體忽愁目，香山盲後留好詩。

二五一
得失榮枯志不同，誰能笑我是痴翁。
生涯賴有山農筆，日在煙霞淡泊中。

二五二
清晨愛聽啼鳥歡，誘我亂情歸自然。
身外得失一抛盡，片刻清靜即福緣。

二五三

清粥野菜日充腸，解衣盤礴坐晨光。
草木無色心可寫，詩未諧律意悠閒。

二五四

眼底雲影隨向飄，遮住世門萬物嬌。
不甘長忍迷矇苦，試以哭反筆怒潮。

二五五

莫笑先生近古稀，寫梅千樹不知饑。
須知邦國魂斯在，澹泊常甘為爾譏。

二五六

規勸易聽自解難，須揮利劍斬愁煩。
燈灰彈指成塵垢，惟靠寫梅延十年。

二五七

訪師臨古度年華，山水途半學梅花。
難處仍在畫成後，胸中無語苦題跋。

二五八

連日陰濕初放晴，庭前竹旁浴暖風。
心餘舊累驅不散，何日吾與白雲清。

二五九

勞頓奔波忙碌身，空懷筆墨丹青心。
閑暇惟自夢中得，畫與宜向何處尋。

二六〇

寒樓冷椅自暖辰，歷盡薄冰八十春。
腕有餘力揮大筆，為疏悲忿且狂吟。

二六一

幾點新紅著舊枝，畫心如醉目不支。
若能再寫繁梅樹，灑淚焚香報故知。

二六二

無人了盡今生願，況近黃昏無多時。
只求提筆能見墨，再為梅花添幾枝。

二六三

無名熱淚驟雨傾，一喜一憂皆人生。
年到七十夢方覺，梅追王冕詩放翁。

二六四

無風無雨故人來，白髮相對為國哀。
歸來情似天邊雁，梅花問能幾度開。

二六五

無梅無鶴隱山林，曲徑幽石娛此身。
三年養得步行健，又是文壇一畫人。

二六六

無梅無鶴隱山林，曲徑幽石亦可人。
三載行得步履健，又是寫梅一狂人。

二六七

硯石為田筆可耕，梅花寫罷已三更。
莫笑行枝多倚斜，心緒壺冰一樣清。

二六八
筆墨已酬半生志，古稀方覺人世空。
從此邁步向大道，寫梅臨古一心清。
二六九
絕暗之中有明天，目無一物心自寬。
梅花簇簇更皎潔，窗外風聲我獨閒。
二七〇
趁見微光且作詩，莫待百歲全明時。
偶有佳句速揮筆，此情可共幾人知。
二七一
黃葉疏疏向晚秋，山林冷落復何尤。
老鷹翅重合高隱，莫教幼禽為爾愁。
二七二
愛犬無聲我無言，籬花失色天如煙。
幸吾耽詩苦覓句，自憐老影坐窗前。

二七三

愛君筆底起煙霞，願拔金釵付酒家。
終到人家才子婦，不辭清瘦比梅花。

二七四

萬點梅花萬點愁，歲寒夜夜念神州。
誰叫天道容妖孽，十億骨肉無自由。

二七五

經霜老竹姿亭亭，相伴雞冠照眼紅。
研墨調朱年底事，寂時最愛寫秋聲。

二七六

聖教入唐舉國昌，今日又見拜佛忙。
切莫誤從偏邪路，何如寫梅在禪房。

二七七

隔峽人為親族忙，不見蜂蜜傳花房。
梅畫梅詩俱成史，有人苦苦作新章。

二七八
隔窗觀松日幾回，絳枝翠葉霧下垂。
移晴院花不見色，指癢興發亂筆揮。

二七九
夢裡幾遊青梅鄉，熟客狂歡步踉蹌。
樹下老幼爭酒盞，最是宜人古服孃。

二八〇
夢繞神州雪海香，台南梅嶺正芬芳。
千株萬樹從何寫，雲水蒼茫望故鄉。

二八一
漂流非客住非家，久望黃山時不遐。
睡裡追思醒裡夢，萬人隔峰種梅花。

二八二
與病交搏如抽絲，種因自悟在嗔痴。
畫房且作禪堂用，低誦心經寫梅枝。

二八三

遠客登階心先知，問君來會何遲遲。
任他天下亂鴉噪，勿忘揮毫寫梅枝。

二八四

凜凜朔風摧花妍，人臨高嶺不勝寒。
稀世一株臥梅老，寫影失明為大千。

二八五

數日寒風侵弱身，病中始悟等灰塵。
梅花似血句含淚，遙對孤山久黯神。

二八六

熱淚無名驟雨傾，一憂一喜皆人生。
七十對鏡夢方覺，梅學元章詩放翁。

二八七

踏雪觀梅須及時，一逢一笑緣莫失。
回頭多少歌泣事，反側沈思夜遲遲。

二八八

戰雲方過死雲遮，百萬餓俘倒熱沙。
大國從無一字信，捶胸嘔血寫梅花。

二八九

獨坐旭陽盆景旁，鼻近花蕊吸清香。
喜極忽滴含悲淚，餘年知有幾多長。

二九〇

醒來意在梅一枝，未觸筆墨情先痴。
門生已得承傳趣，人生何事美於斯。

二九一

禪道修得金剛身，紛紛世途無可循。
拾閒淨几寫梅意，不染世塵不求人。

二九二

點點梅花點點星，花招星笑月玲瓏。
畫心恰似一輪月，忽現忽遮雲未停。

二九三

朦朧世界美於真，何必求見花色新。
一陣寒風落滿地，眼下忽過一片雲。

二九四

舊城千巷苦無人，人在斗室居我魂。
乍別歸心已似箭，燈斜几綠點花心。

二九五

舊櫥理出紙數堆，重現病後力未虧。
逐件裝成琳瑯品，可有幾幀留後人。

二九六

歡時迎客寂寫詩，話影帶痕皆往時。
黃昏夕陽招天暮，園梅頻怨月上遲。

二九七

山舍日聞鴟鳥鳴，宛如老友解苦情。
連月風雨人寂寞，桂樹枝頭呼我名。

二九八

一年積垢待清除，名利不關任毀譽。
一日生涯一日計，墨香胭色小山廬。

二九九

一念離俗移山家，觀音遠臥淡水斜。
碧空高掛中秋月，照我畫几寫梅花。

三〇〇

一陣寒風松針黃，枝垂皮落根枯傷。
書翁立灑同情淚，滿院桂花正芬芳。

三〇一

一夢醒來百事虛，樹光山色影迷離。
仙佛常閑通明眼，到處為家雲可居。

三〇二

七朝一會新城山，歡笑無分風雨天。
舊恨新愁雲消散，興來揮毫茶酒間。

三〇三

人生聚散本無常，鳥曲低昂誰能詳。
論畫每覺時光短，淡茶一杯勝醇釀。

三〇四

八年顛沛湘渝間，戰罷歸心一快帆。
長江兩岸年年綠，世途從此日日艱。

三〇五

十年長沐春風暖，乍別初嚐秋意涼。
今日舉杯莫飲淚，花開時節早還鄉。

三〇六

山花不遜武陵源，雞犬相聞世外喧。
筆墨尚足十載用，只須一目見青天。

三〇七

已過時空空亦空，山河錦色幾改容。
今年不見中秋月，遙想故國棗正紅。

三〇八

不焦不慮盲中樂，深體蒼天惠此生。

饑翁方悟一黍貴，珍惜寸陰竣腕功。

三〇九

曾言傳法不傳身，樂見風格不相因。

明夏展出今人作，師生已無高低分。

三一〇

巨翼盤旋近山窪，嬌聲唱合落吾家。

雙鷹原是七年客，簷上低吟情未賒。

三一一

吾生忙碌究為何，總想求閒忙更多。

萬里山川待覽賞，七十一覺夢已過。

三一二

夜半蟲鳴聽古琴，清音一洗世俗塵。

輕舟浮浪高低迴，忘我自能悟古今。

三一三

初學占句攻聲韻，今擅推敲不能詩。
情繫浮雲補空影，除非心返少年時。

三一四

金桂烈香撲面來，紅櫻知羞今春開。
眼前無色勝有色，往事迴腸淚難排。

三一五

怨往愁來一無際，還須知足善加餐。
明晦皆有蒼天意，中秋到時月自圓。

三一六

秋山無處不飛花，鳥語花香遶我家。
心感天意延我壽，氣爽傳碑意正愜。

三一七

秋風吹舞牆角葉，細雨打落籬上花。
桂香入室薰畫輿，何須遠地尋浮華。

三一八

俯視籬花遠山清，往事歷歷近事蒙。
雲白天青億萬載，眼前之福不可輕。

三一九

倦鳥歸山閒似仙，雨澆風吼又茫然。
月色清明不可及，忘我心通界外天。

三二〇

庭中樓角醒中眠，心在無言無意間。
風掃亂雲雲更亂，影遮彎月何時圓。

三二一

庭樹几花兩濛濛，心海澄渟往事空。
想到與人無爭處，頓覺無晴勝有晴。

三二二

書裡梅花詩裡禪，心居天地有無間。
昨宵何故不安枕，月色清明照我眠。

三二三

神醫八十穩操刀，儒將九三自烹調。
影聖百齡遠行健，盲翁筆塚等身高。

三二四

院角紅櫻報歲除，霧山雲水意何如。
新城高隱非無志，萬丈雄心且讀書。

三二五

晨修千步桌椅間，禪坐香功待早餐。
長日寂寞苦排遣，暗嚼古人詩幾篇。

三二六

眼中血霧住不飛，晝夜枕上指圈梅。
滿腹堆栽千年稿，何年紙上現筆威。

三二七

悲歡聚散各有由，緣盡坦然任去留。
何時重逢悅心事，茫茫人海一畫樓。

三二八
雲端半月眼前燈，不著袈裟影似僧。
故國風寒侵窗處，畫心澄靜亂何曾。

三二九
愁雲久旱無風天，學步歸來心漠然。
兩載新城病世界，窮敲詩句影自憐。

三三〇
暗室漆漆有明天，空無一物心自寬。
坐思梅花更皎潔，朝野干戈我獨閑。

三三一
溫暖人間不捨歸，山居明媚書興催。
長談歡笑皆良藥，況有愛徒一手炊。

三三二
詩興來時如驟風，欲笑欲哭情難名。
天下何多悲忿事，唯有水中月色明。

三三三

鳩鳴雲裡鸘嘯藤，清風入戶雨初晴。
抱枕推敲汗微透，早忘身囚老病中。

三三四

滴滴寒雨漠漠情，未了壯志猶在胸。
不信浮雲永蔽日，九十再寫黃山松。

三三五

僻村魚肆酒一樽，往事誰能數家珍。
今日暢談且盡興，如詩如畫看浮雲。

三三六

蟲蝕草色黃朝雨，鳥點松頭送曉風。
幾日陰寒身戰慄，愁霾不散月朦朧。

三三七

一杯美酒幾杯茶，笑對人間眾浮華。
不問生由不問死，大道無涯壽有涯。

三三八
一覺醒來又報春，島國沉陰詩無心。
群弟歡敘茶當酒，高情彌勝筵瓊林。

三三九
人事凋零如落花，各泊一隅各天涯。
往日歡笑成陳跡，寒暑不流催年華。

三四〇
人到病老天不憐，進退生死一念間。
百年轉眼皆成幻，成佛成仙不了緣。

三四一
人海茫茫一沙鷗，縷帆朽櫓一破舟。
何方仙子借神力，風去浪平吾不愁。

三四二
人逢佳節愁事多，頻思勞苦究為何。
十年耕墾期豐穫，他日心安理自得。

三四三

人貴知命兼知年，遠俗悟真自悠閒。
賞遊不畏前途險，舉首昂然向天邊。

三四四

入耳梵音催夢覺，一時混沌轉空明。
驅除心間諸罣礙，樂經禪境墜詩情。

三四五

久望青州未敢歸，故園楊柳露嫩未。
忍想同伴皆白髮，可有親存依舊扉。

三四六

久經漂泊知水寒，力竭方見頭上天。
妄看高處景物勝，莫如留步一日閒。

三四七

千里傳聲振衰沉，天涯寧有惜我人。
精神抖擻此刻始，信必不負造物心。

三四八
口中尋佛心無佛，適與佛途背相駁。
寂寞嚐盡醫藥苦，復明之願究為何。

三四九
大地何處是樂園，閒談不外論遠遷。
異鄉互夢人蒼老，淨土悠游方寸間。

三五〇
不怨生年不逢時，七十險路皆是詩。
島上悠閒應知足，那有風癱樂如斯。

三五一
不容呻吟不垂頭，千古雲天誰能收。
奔波辛苦回首淚，望眼殘程任自由。

三五二
不聞犬吠空樓靜，坐與蘭香通幽情。
安閒正宜清俗慮，又思客來共品茗。

三五三

不關污政心自悠，忘卻私煩體自由。
滿院花木隨人去，此生不再羨高樓。

三五四

不懼長年搏病苦，時提心志勿消沈。
院中籬下山花豔，告我來春色益真。

三五五

天上無雲心有雲，紛紛往事苦呻吟。
簞食瓢飲且安分，老隱深山知所尊。

三五六

心在復明急欲焚，認知無望意反寧。
人間醜惡不見好，知足常笑如意中。

三五七

心承重軛老益沉，欲化輕煙入白雲。
世界那非過眼物，宜學惜福知命人。

三五八

心空根腐年無多，回首韶光任蹉跎。
應知冷落自然事，風燭滴滴仔細過。

三五九

心餘萬念方有悟，嚐盡世途初知空。
早春寒雨北地來，佳節了無思鄉情。

三六〇

文人筆下傳佳話，若為情纏苦淚多。
常肯破啼成一笑，水到深處自無波。

三六一

日方中天忽一眦，稀齡越界又五年。
空虛境裡有真趣，不聽風雨譴府官。

三六二

日來風靜寒雨頻，耳怕花凋葉落聲。
客室禪修心反燥，蒼天何時復我明。

三六三

日夜病床不知寒，人說雨過見春天。
倘得晨暉拂我面，詩情遠行小公園。

三六四

世情紛擾各勞神，難得故知探病身。
半日陰霾獨對壁，不知斜陽可西沉。

三六五

世途多幻情留人，七日星河酒一樽。
無心盡是心中話，不枉辛苦度此生。

三六六

乍到又聚親逾恆，老後方知惜重明。
險海孤舟風浪險，笑聲平息客心驚。

三六七

半日坐聽雨淒淒，未珍相聚惜別離。
老情脈脈瘂肺腑，苦在今生怕來生。

三六八
半逸半俗半慚羞，一線禪心作神遊。
任見風雨多險譎，恩怨是非次第收。

三六九
古今中外共一天，無分朱頂與赭顏。
人生旅路盡屬我，但求無憾到處緣。

三七〇
四家出戶我獨留，窗外竹影意悠悠。
伏案回想半生夢，餘年且作逍遙遊。

三七一
巨星殞落半天斜，脫葉檜林噪亂鴉。
舊夢新愁天可管，晴天乍欲展流霞。

三七二
生老病死天之迷，強修偏信此生虛。
一言一念皆因果，行到盡頭見菩提。

三七三

目愈矇矓心愈明，事能看破乃知空。
列祖後代同歸路，一筆勾消不了情。

三七四

亦師亦友花甲後，談道談禪一無拘。
身寄天涯各一隅，花開花落待會期。

三七五

全憑一信起死生，遙望天涯咫尺傾。
愛力撼得山海動，摒盡私慾天自明。

三七六

回首童顏皆白髮，惜別慟狀浮眼前。
風霜歷盡同歸老，散時那想見時難。

三七七

此山無磬亦無鐘，小吐心聲靈已通。
淨土一蓆天地廣，道中何必卜死生。

三七八
百病加身三十年，親疏家散別一天。
老來通悟緣一字，鳥語連連情外弦。
三七九
百種情結一時來，思因推果苦難排。
國愁家恨誰能忘，況有大病日老衰。
三八〇
自君抱石登山園，相識如經幾世緣。
筆法未傳形影遠，常念身家可平安。
三八一
我心空洞一無憑，想聽天上美歌聲。
性靈澄渟無爭戰，不關地陷與山崩。
三八二
來時鳳凰花滿道，今日遍山景荒涼。
白髮聲嘶人老矣，此生悲怨何人償。

三八三

昏天亂夢不入眠，人生恩怨紙一談。
病身終需成過去，枕邊偷泣向誰言。

三八四

法相紛紜叩慧心，病瘟鑄就金剛身。
雙手拂去陳年垢，金光奪目又一新。

三八五

雨壓山頭苦壓胸，烏雲滿窗鳥無聲。
昨夜殘淚忽盈眶，空嘆多少離別情。

三八六

前世今生不關心，眼前分秒種果因。
天高地遠無邊際，萬古虛空一浮塵。

三八七

室中撈物如海底，顫步登樓蜀道難。
萬種情懷向誰訴，別般滋味寫無言。

三八八

恍惚飄零一病因，幾天風雨又初秋。
百呼不返童年夢，萬語難消眼前愁。

三八九

拄杖把梯緩登樓，意堅足抵久病蹂。
客來固比獨思好，冷落洽宜品自由。

三九〇

相識異鄉山海間，回頭日已過中天。
世事幾經風雲譎，成人兒女話前緣。

三九一

風燭始知惜寸陰，少逢戰亂作犬奔。
五十喪子名利淡，落葉應歸何處根。

三九二

書人失明奈何天，思緒萬千鎖夢間。
不解此劫由來處，應收激情度餘年。

三九三

病人心境誰能知，夢裡顛倒醒後痴。
退路容易志未了，前途步步費苦思。

三九四

病枕消磨日如年，滿懷遺恨去復返。
一宵寒雨花落盡，臂顫無心憑危欄。

三九五

病眼看花心不開，家愁淡去國愁來。
雨稀霧重天時亂，幾人得意幾人哀。

三九六

笑到八十奔九十，莫識盲叟貪復痴。
人間一遊應盡興，邈邈雲天鶴去時。

三九七

偶遇故知互推笑，放懷長敘多苦情。
世途久暫誰無憾，慾海情濤到岸平。

三九八

強作笑容掩苦容，夢中更比醒時空。
蒼天早日還我目，不願一事不理清。

三九九

惜福莫溺一時春，水到深潭無漪紋。
老後別有人生樂，書中真諦悟在君。

四〇〇

晝長寂寞費安排，往事逐去又復回。
愈是不敢輕挪步，坐臥祇覺力更衰。

四〇一

晨昏虔敬拜神佛，無奈塵垢亂靈波。
妄想清除身後累，何樂時時笑彌陀。

四〇二

欲忘愁時愁更多，似嗔似悔入南柯。
醒來又墜紅塵裡，作聾作啞心向佛。

四〇三

深交廿載推相知，多病恨無多聚時。
留言心願猶未了，往事何必天上思。

四〇四

曾為長句阻遠遷，身外之物皆枉然。
大智貴能定方位，禍福悲歡一念間。

四〇五

朝代分合人間事，閒雲野鶴我獨遊。
友生長敍世俗外，有如盛暑忽聞秋。

四〇六

無名驟淚濡霜睫，悲感人生終須別。
一日昏沈又到夜，收拾罣礙入諦偈。

四〇七

無病何能有此閑，禪心亂象兩不關。
人生萬事塞翁馬，忙裡安排皆枉然。

四〇八

畫心早有舉世遊，痛悔半生為俗愁。
老復讀經初近道，時光可否為人留。

四〇九

窗櫺遠處露微光，滿屋黑暗一如常。
受盡病磨應知省，來生遠離名利恙。

四一〇

結仇常是最親人，可恨大敵即自身。
一悟豁釋今世鎖，何妨長幼敬如賓。

四一一

傷禽垂羽墜籬腰，四顧茫茫不見巢。
小院願供長休養，聽我吟詩樂逍遙。

四一二

滔滔高論留耳邊，厲色笑容隔一天。
道影入雲淚泉送，匆匆十載未了緣。

四一三

群聚山樓暖壽期，鶯喳燕語何急急。
別來事事可如意，先問銀髮增幾絲。

四一四

遍歷花叢不知色，耳聞夜啼不問辰。
夢游祕境終須醒，禪到空時學亦空。

四一五

遑遑未料是死期，點點一字無可遺。
寇氏宗譜自我斷，來生來世為君妻。

四一六

隔窗撥霧見扉開，待君斟酒話時哀。
彼此知音琴常奏，微風輕送新曲來。

四一七

夢境曲折醒時真，新顏多隨往事陳。
顛倒是非無定想，跛肢白髮枕語溫。

四一八
夢斷思潮若海潮，潮聲未靜日已高。
漫天仍是白幔佈，宜人惟有蟲語嬌。

四一九
滿院珍禽振晨更，只聞妙曲不見踪。
心求靜時無聲好，何勞多事唱不停。

四二〇
滿院飛鶯啼聲歡，瓜彈厚地頂高天。
諄諄老鳥授技藝，惜金古道啟齒難。

四二一
漫步山城去復回，雲嵐散處湖光開。
三年走得沉疴去，遠見癱翁健步來。

四二二
遠近山色影迷離，一夢醒來萬物虛。
仙佛常閉通明眼，到處為家雲共居。

四二三

輪椅迎賓又一晨，無言把手感尤深。
十年書苑人俱老，天地如煙異域深。

四二四

醒來四顧不見窗，壁畫几蘭白茫茫。
書卷滿樓不知處，待新懺舊意悠揚。

四二五

龍蟄海角聽濤喧，卅載臥薪跌在淵。
只等風雲齊來會，飛騰六合正坤乾。

四二六

懷抱不平飲恨歸，人間何處有是非。
我如降服剛直性，耐到九十尚可為。

四二七

攀起巉巖入老山，土流石落不可還。
回頭點點淚痕處，皆是今生未了緣。

四二八

霧裡山居獨坐禪，心遊大千身依凡。
萬事莫如眼前貴，淚痕乾處啟笑顏。

四二九

一日抱養三年情，夜能守戶晝隨行。
乍然不返如失魄，祈遇新主仁者風。

四三〇

莫教塵俗誤此生，出山仍似在山清。
冰心鐵骨輕顏色，逸氣冰姿本性靈。

四三一

不關薪火化灰塵，不動青山知雨辛。
一葉梅花一點血，惟思國本世相陳。

四三二

庭柏力阻撼屋風，入夜山靜夢魂清。
恍惚飛越孤山路，醒來展紙氣如虹。

四三三

杯水菜根貴無求，書中至樂消萬愁。
亂世餘生七十五，展素猶思寫千軸。

四三四

小苑揮豪王逸少，熄燈覓句陸放翁。
病身不問貧與富，滿地紅梅一夢中。

四三五

梅花待我意皆真，遷去天涯各有因。
佇立空園徒作歎，胭脂和淚憶往塵。

四三六

短箋長函寄遠懷，曷如佳節與乎來。
一別數載筆可動，白髮紅顏話山宅。

四三七

廣廈錦園物之累，虛名美譽情之監。
詩書筆墨小天地，百年華貴一抹煙。

四三八

能步能言心感天，制情斬慾夜夢酣。
書畫雕蟲實良藥，養得滿胸氣浩然。

四三九

自幼剛愎老來傷，茫茫世態人人荒。
但願餘年能振腕，深探道昭筆中藏。

四四〇

自從放膽以意書，倒覺逍遙筆不迂。
妄想直追蘇黃後，終察功簣才不如。

四四一

一層雲影掩青光，不見嫦娥淺淡妝。
自古圓缺雖有定，春遊勿忘秋風狂。

四四二

午夜夢迴牽掛來，闔目靜待鳥聲催。
愁煞最終一段路，願見峰頭白雲暉。

四四三

修道修佛如深淵，貴能萬念投空潭。
生來歸去謎千古，況見庸人自擾閒。

四四四

死生之際一隙開，種種舊情擁滿懷。
院中老樹見花杏，雙幹一枯一萎衰。

四四五

通宵無寐汗洗身，苦墜往事負雙親。
情在終將成空影，虛名百年入碑林。

四四六

萬里迢迢歸鄉路，新顏舊識共徬徨。
山石草木看人老，不若早回話感傷。

四四七

濛濛遠近不知時，豪雨忽推窗外枝。
飛禽呼號不成律，老懷更覺意遲遲。

四四八

小愁不忘大愁來，雲影微遮天不開。
通宵悔恨眠不得，自知逐日白髮催。

四四九

夢裡長空滿星辰，一輪明月銜高峰。
醒來窗外漆如墨，一陣孤單淚欲橫。

四五〇

人老難得少年夢，出遊馬驛換新衣。
遠望陳跡煙塵裡，鼎上廟垣影淒淒。

四五一

老衰方悔貪嗔痴，飲淚縈懷不自知。
飛鳥羽垂歸何處，妄尋仙境到幾時。

四五二

連陰驟雨過端陽，無客無親靜山莊。
犬吠笑我獨寂寞，明年此日人滿堂。

四五三

八十千歷人間事，深淺久暫各有緣。
誰可一嗔拗天意，且樂眼前順自然。

四五四

多少聯詞想揮毫，無人調墨空欲焦。
年衰方居心無力，滿壁書卷向我嘲。

四五五

竹翠楓紅皆不見，水流花謝夢裡情。
八十高壽應知足，盲目揮毫向百齡。

四五六

霸業罕傳三代盛，蘭亭一紙美千年。
一心勿為塵俗擾，清簡淡潔時隨緣。

四五七

一紙薄薄脫線箏，飄搖旋蕩風雨中。
茫茫宇宙墜何處，高臥深山養詩情。

四五八

長年鬥病生如死，病中不懼死猶生。
上天假我壽五載，狂草千紙化百幀。

四五九

過眼雲煙七十閱，家殘國破病纏綿。
一生盡是難解事，萬種豪情落筆端。

四六〇

福禍只傳一念間，有食有宿應感天。
長見斷枝沿街乞，況藉微光塗榜徧。

四六一 與舅父重逢

戰亂離散六十春，遠上嘉陵尋血親。
相抱兩頭皆白髮，仍操生處童時音。

四六二 授靜心小朋友歸來有感

群童歡呼慰老心，此處淨無名利瘟。
揮寫榜書示筆法，歸來一夢酣至昏。

四六三　山居晚步

斜陽遠墜照新城，樹影迷離雲影清。
薄衣竹杖秋風撼，三五寒蟬作悲鳴。

四六四　爲山居留否　之一

輾轉思維為山居，可留可取各有天。
善養餘年景物好，幾回大地任馳驅。

四六五　爲山居留否　之二

歸國生涯幾變遷，高樓斗室夢一般。
五年栽得花木盛，又話移居心黯然。

四六六　遷居愁

階草院花寸土情，窗明几淨笑聲頻。
廿年辛苦舟方穩，何忍揚帆改道行。

四六七　亞伯颱風之夜

風捲狂瀾水漫天，雨驚魂魄審忠奸。
澹泊平生既無愧，何訪寫梅學張顛。

四六八 題梅

每翻舊種梅千愁，筆下愧無幾枝奇。

雨影打窗心影亂，更貪日夢到暮遲。

四六九 泰山堂書懷

一生埋首眾碑裡，今日方佑紙變金。

傾屋投贈培風翼，泰山代有傳薪人。

四七〇 泰山堂書懷

一時幾句動情語，輒得門人萬丈情。

風雨飄搖泰山砌，危身拄杖立巔峰。

四七一 泰山堂書懷

亂石難磊陽朔峰，奇觀偉業皆天成。

老來方悔無謀勇，且隱深山學醉僧。

四七二 泰山堂書懷

群臣易命相難對，壘就泰山不見僧。

南天門外香客滿，如來驚起自撞鐘。

四七三　泰山堂書懷

重道尊師時已遷，愚癡妄自慕承傳。
群中一馬潑聲吼，十載師心半文錢。

四七四　泰山堂書懷

敗筆收拾命未休，沉舟換得幾天悠。
臘風寒雨又報歲，吾將何去復何求。

四七五　文惠輯詩有感

文惠精輯詩百首，供君日課行草材。
月圓月缺已七過，敢問攜得幾幅來。

四七六

門下菁英五六人，圍桌互談書海深。
笑君十載才未展，造化滿樹不見根。
自古植根無捷徑，筆不離手碑在心。

四七七

前塵可數期晴好，往事漫漫已成煙。
遍歷長江南北景，熟憶黃河漢唐賢。
古城雄姿化灰土，祖宅門楣落腐漆。
八十揮毫酬壯志，戶外梅雨正淒淒。

四七八

早歲用情不知度，幸殘滴蠟照婆娑。
日思開卷對白紙，夜起畫梅塗墨荷。
縈懷往事浮沉夢，擾人塵務起伏波。
小園花木冬寒過，大地春回發新柯。

四七九

老幹蒼絕落落花，髯翁盆景一名家。
八德未適梅園廢，可以移居鬢雲麻。
蠟作主人今無語，盆雖匠手空有枒。
偶翻舊稿情難禁，知遇何堪天一涯。

四八〇

十年踪跡走紅塵，回首青山入夢頻。
紫綬縱榮爭及睡，朱門雖富不如貧。
愁聞劍戟扶危主，悶聽笙歌聒醉人。
攜取舊書歸舊隱，野花啼鳥一般春。

四八一

捫問此生何所忙，漸慚往事半荒唐。
淡水澄淨見溪美，桂花輕舞覺風香。
階音知是性情交，犬吠聞同議事郎。
祇恨無補千秋業，且將雕蟲填皮囊。

四八二

錦繡河山一破裘，半百飄零老歸遊。
西風吹代語錄讀，北海旨須向錢謀。
大地咀歌蛙四部，隔秋爭獻鯨千頭。
蠢夫自堀子孫塚，拭目待識賣瓜侯。

四八三

半生離亂舊痕清，老去夢回別有情。
夢里流民骸在谷，八年復國草皆兵。
異邦蟄臨碑千通，寶島誓傳英百名。
難卜餘生何者貴，一雙跛足一顆晴。

四八四

胸中萬壑與千山，長嘯低吟何事難。
一日百年同一瞥，他鄉故土空憑欄。
雨摧院桂春入戶，風掃籬菊葉鑲垣。
一點畫心胚米飯，夢中和靖常來餐。

四八五

莫道天涯漂泊苦，日隨筆墨亦悠哉。
孤燈幸有詩書伴，僻徑欣無俗客來。
心在梅花互解惑，笑應知己不相猜。
春晴漫步青山遠，潺潺清流一往回。

四八六　泰山堂書懷

輕出一語壘泰山，縱不為己亦涉貪。
入老須能甘寂寞，目盲膽敢撐巨帆。
學苑人人好弟子，泰山事事觸金錢。
況乃時移情義脆，深更難寐悔連連。

四八七　授靜心小朋友有感

燃薪八載自甘辛，引步晉跡境一新。
且喜群睛善解意，更驚青朵欲出群。
每聞鴻鳥培風翼，安得稚子繼老身。
兩岸潮汐聲湍湍，狂沙漫道迷渡人。

四八八　亞伯颱風之夜

風入黃昏猶在山，夜靜風弱雨轉蠻。
但聞屋角漏聲緊，又見滿院樹腰彎。
五更曙色上濕榻，一雙倦手洗老顏。
時日晝素待補成，抖擻殘神再偷閒。

四八九　憶行德友太

老人家住九州村，手栽雙梅傍柴門。
薄雲微雪來空谷，玉顏紅妝奪畫目。
塵緣窓多十寒暑，今日對花無人語。
遠山近水美如昔，栽主人說不知處。
紅白滿樹花正好，祇嘆枝枝皆瘦老。
梅花愈老情愈深，此情刻刻縈我心。
我心今生不離梅，每年見梅先想汝。

三、論書

一、

書事久荒廢，意往學素顛。
寧留後人議，不惹今輩嫌。

二

臨碑如刻木，讀帖若聽琴。
廿載熔一爐，飛鶴掃烏雲。

三

豁然以意書，不為唐人弊。
藝游尺素間，天地一無際。

四

攻書非為名，實至名方歸。
名高書未逮，名書偕伴飛。

五

永敘每作書，全陣布筆先。
行間互揖讓，滿紙龍虎歡。
動處如泉湧，靜處如高山。
風格隨功進，終將紹古賢。

六　與諸生賞鄭道昭論經書詩

書亦無他法，妙在能通會。
愧我病後迂，不復細研賞。
君其自加工，躍居時之上。
勿泛俗波流，莫與虛名儔。
清論亦無益，為臨論經書。

七

攻書無急功，必由情趣入。
臨碑未精熟，素顛空愛慕。
諸帖皆可玩，翻賞不離目。

時然筆情合，草意自然露。
學書勿先草，兒童頭代步。
吾最否是言，諄為諸君訴。

八

虛從實中來，變無法外訣。
苦功三十載，筆力自超絕。
筋骨豐且韌，血肉練而潔。
提頓任騰躍，點畫兼巧拙。
謙遊藝日精，盈滿行自搉。
身離名利遠，心與古人結。

九

俗家襲古本，出筆描紅書。
幅幅似相識，所寫其何如。
古人法雖立，古稿未全儲。
若不以心歷，萬紙徒空虛。

細目察真態，乃可推其餘。
一朝奇構得，如創天地初。

一〇

草書最為難，變化窮毫端。
求好無捷徑，日寫數十篇。
力感碑所本，形美帖可參。
點畫性情溢，呼應頻相關。
連中忽有斷，斷時意猶連。
長短區疏密，擒縱氣勢完。
平時常思悟，粗細善量權。

一一

吾信南海論，筆妙盡方圓。
圓自古篆來，方因漢隸遷。
圓用提抽絞，方用頓折翻。
細察南北朝，方圓巧相涵。

圓中時帶方，方裡時兼圓。
方圓能活變，神彩生筆端。
勤臨切勿怠，漸悟法理玄。
多會名人跡，創格實非難。

一二

起藏護尾實，中鋒毫齊立。
行時慣逆澀，提按輕重分。
剛柔辨曲直，帶牽慎緩急。
熟臨北魏碑，深得筆中趣。
悟揣晉人書，漸知行書意。
筆墨隨意發，風格乃獨具。
功夫有淺深，天賦決高低。
人人可成家，難得在氣勢。

一三

書藝非小道，拓展四千年。

時遷百體成，綿綿一線牽。
欲窺其中奧，須悟古人傳。
熟臨唐前蹟，變化盡方圓。
一朝門徑入，愜暢似神仙。
不受虛名誘，不積買樓錢。
提筆萬愁消，日月開笑顏。
人與書俱遠，況乃過中天。

一四

草藝書之巔，變化羅萬千。
挺練伸勁鐵，曲攲逸而妍。
點畫皆有據，意韻因人遷。
滾滾長江水，滴滴源古泉。
大令誇一筆，斷牽貴自然。
密時阻風過，疏處可行船。
全篇樂章動，起伏節奏傳。

呵然一氣成，悠揚有餘弦。
臨帖吮其精，崇今防其擅。
胸中丘壑滿，志在凌前賢。
誰是先驅者，後功蓋先天。

一五

遠哉書之道，濛濛一抹煙。
多少盟誓者，接踵永良緣。
定向捐十載，尋跡追古賢。
莫笑龜行緩，莫羨兔爭先。
基固樓自高，撥雲見青天。
五齡承祖訓，斷續數十年。
知命始有悟，讀碑如坐禪。
篆隸古法早，魏晉盡其玄。
猛龍文公熟，巧妙變方圓。
摩崖壯氣勢，聖教臨百篇。

性靈油然發，握筆不思眠。
心在風格上，輕名不愛錢。
遍覽歷代帖，蘇黃米素顛。
況味醇於酒，飄飄欲登仙。
老來目愈明，古人非十全。
如此與生去，呼拍二王肩。

一六

麟角鳳毛悲今師，墨池筆塚應及時。
窺玄析理卅年事，一臨泰山境自知。

一七

石門堪譽碑中碑，但見道骨仙人胚。
勤讀卻勿葫蘆摹，悟得妙處入神髓。

一八

十年植樹漸成蔭，一日斬腰臂長伸。
幾筆北魏得神意，尚待品味與道心。

一九

山谷戲蛇蘇撼藤，二僧醉後草天成。
閉門堆塚二十載，再跪右軍呼先生。

二〇

工夫到時力始涵，力與情合見功夫。
急功從無巧匠出，功臻化境意自如。

二一

手不離碑勤揣摹，拾閒臨寫寶寸刻。
莫挨握管力不勝，已解千碑又奈何。

二二

方圓美妙尊右軍，唐人得形宋得神。
清季碑興返真樸，可悲今日流俗芳。

二三

以形寫神畫之要，穩中求變書之軌。
終生持定前賢道，小技何患實不歸。

二四

功怕曝寒筆怕虛，此中至理殘後知。
而今雜論浸古道，昂首挺胸斥無遺。

二五

北魏風貌集此公，承古創新居首功。
方圓千變融一美，麗如飛仙舞晴空。

二六

巨廈有基樹有根，秀腿花拳醜無倫。
書藝承傳五千載，叛古創新無一人。

二七

玄翁書道重巧妙，吾重法嚴氣勢高。
縱然一時虛名噪，今日祗見媚風弱。

二八

石門妙在天籟多，不悖法理任靈活。
鋒到之處力涵巧，半是鍾馗半仙佛。

二九

好虛務實各有志，標新鑿古背相馳。
十年精運方圓筆，書海空闊任所之。

三〇

自幼不取趙松雪，無非逸少粉脂層。
其昌逞才展熟巧，誤煞乾毛兩代豪。

三一

炎黃古道滿風塵，洪水挾來猛獸群。
眼看堤傾地基斷，堆沙揮劍有幾人。

三二

炎黃兒女取古法，酉論倭說乘隙來。
西用豈容混中體，每見怪異從中哀。

三三

面對松風不識君，太皇詩卷久相親。
老來始知神韻契，歷代名筆宗右軍。

三四

書自碑入方得法，急求功利帖害人。
三島洪水猛獸險，可嘆海峽助浪翻。

三五

書畫本來同一源，製毫惜墨有無間。
雖說氣勢古難得，爐火青時不見煙。

三六

書境求能入古境，世間無名勝有名。
墨跡留與愛書者，今後來者融一情。

三七

書懷恬靜悟草情，晉後書家創新風。
狂叟顛仙如見我，應喜絕藝有人承。

三八

素師氣暢旭勢雄，米書嚴峻見絕功。
不顛不醉狂意少，仍居四家行草峰。

三九

豈可輕言能榜書，豐神骨力皆碑出。
東坡大字貴嚴緊，慎防筆虛體形疏。

四〇

高峰無非平地始，狂草皆由點畫來。
捨本必將不見末，恃才疾策墜險崖。

四一

專尊閣帖書成碑，獨重古碑鎖刑枷。
貴在得神不受制，可為後世增一家。

四二

情到知音若無情，蘭亭無意葬昭陵。
若問王書解乎者，應勿輕舉唐宋人。

四三

逐筆剖析石門銘，漢規魏法一脈通。
傲視對崖前人頌，奇才絕藝驚天生。

四四

逐筆神凝心無波，點畫讀通力始著。
求速貪多效適反，再苦十年不為苛。

四五

畫上題跋具真功，詩書貴與畫相融。
臨碑有志今未晚，書到精時畫亦精。

四六

筆到工時古法通，墨色清明氣韻生。
年愈七十隨心欲，戒勿塗鴨妄求名。

四七

勤寫古碑理自得，先賢字字律金科。
亂沙欲堵長江水，真理豈容桀邪說。

四八

碑到六朝無不奇，入唐各家迎時宜。
思通碑筆老愈妙，欲引後學追古師。

四九

虞恭公碑祖手傳，一點一劃刻心間。
同搨偶得獲瑰寶，承古傳授賴此篇。

五〇

道昭書蹟耀雲峰，篆意隸韻入草情。
羲下妙連方圓筆，奔放飄逸觀海童。

五一

道昭蹟飾雲峰山，羲下方圓獨承傳。
最是空絕論經書，漢碑不假正色觀。

五二

夢遊北漠漢時疆，碑蹟遠抵好大王。
史載萬篇輝煌業，而今只見旅人煙。

五三

聚首論書話懸河，屜中碑搨成古佛。
若能朝夕翻數過，拙口難言心所得。

五四
橫豎題跋皆右起，千載成規亦成風。
簡體不倫倡左起，問爾何顏對祖宗。

五五
歷代名家各有格，要能守律不背則。
心手多師自然態，氣韻生動與天合。

五六
獨處空山有知音，頑童繼我攻石門。
三百年來識者少，南海之外無幾人。

五七
龍門樸質石門奇，書不入碑百年虛。
啟迪初學溫公彥，踏進方圓筆不疑。

五八
臨寫石門得深趣，百通之後攝其神。
徒摹奇形非得竅，應從刀法濾筆痕。

五九

點畫使轉皆性情，筆筆中鋒如電風。
書就只見驚鴻動，懸壁悦聞龍飛聲。

六〇

懷素張旭別一顛，酒狂情燃筆生煙。
吾不好飲情有度，苦計草形不成仙。

六一

觀論經書胸襟開，雲峰驚見罕世才。
清人不識此絕筆，凌駕六朝一摩崖。

六二

觀論經書話道昭，魏性漢骨氣勢豪。
筆無餘肉合天趣，拙手空為意先焦。

六三

不見藤花增眼愁，且思無色界中游。
縱然筆動與心違，書樂何須自形求。

六四

不宗一格不拘家，隨意寫來古未賒。
書畫源流同一脈，能書自爾善塗鴉。

六五

病後頓然筆力迂，揮毫宛似寫蟲書。
自接弟勸意為之，足安腰轉勢有餘。

六六

軟毫挺寫論經書，始悟方圓實與虛。
莊子胸懷天地小，筆筆如玉勢有餘。

六七

草行玩味必須頻，右軍智永孫過庭。
字形妙構勿死記，點畫同時悟性情。

六八

曲是媚柔直是剛，剛柔相濟不倉皇。
頓轉切忌偏鋒力，火到純青神自張。

六九

北魏書風數百家，名家所好各矜誇。
不知殊途歸一法，莫作盲師領群娃。

七〇

捺筆慎用草書中，除非行尾或意停。
捺宜力縱勿拘束，俄然驚見古碑神。

七一

橫畫多時勿平行，善曲其一破呆容。
為求全字能安定，澀力重寫末一橫。

七二

孤直勿虛入木深，長豎容爾示風神。
遇有並排三兩筆，以曲求變得異氛。

七三

未學蹤步先著書，古人右軍與君殊。
空拳共是嬰兒信，豈有一招誑老夫。

七四
放膽揮毫不求功，一室愜意本初衷。
雞鶴同高難分辨，閃閃晶晶皆古風。
七五
點畫不清自為新，虛名掠過滿面春。
轉睛長笑尋廣壁，念念何年化灰塵。
七六
小苑週齡眾意昂，各運妙筆有虞張。
不屑換得先生賞，願為書道拓新疆。
七七
自古草書稱大絕，蓋緣艸內蘊藏豐。
篆籀漢魏皆所本，六朝碑帖備會通。
豪放瀟灑法有度，規矩嚴峻情所鍾。
老腕沈雄滿古意，承傳之間創古風。
七八

千秋墨藝美無倫，體勢承轉代出新。
史列堂風明治亂，品從筆意辨疵醇。
鴻飛鶴舞非虛譽，虎臥龍驤自有神。
且喜後輩尊古法，渾忌濁世滿囂塵。

七九

南北二銘碑之王，瘞鶴雄雅銘奇狂。
與頌對揖分漢魏，五百餘字三十行。
字字傾斜不違正，筆筆圓曲意飄揚。
藝舟位列神品首，臨到精熟乃登堂。
待能融之入行草，情趣深處凌米黃。

八〇

山舍菁英蓆地坐，爭賞米書懷素歌。
氣勢神情稱絕倫，全篇點畫無敗痕。
慧眼識得上人藝，緩疾妙處數語破。
亦知溯源追逸少，褒王貶張我不樂。

狂草千年惟二僧，張法素尊有文證。
南宮或存並肩意，天趣尚覺有遜色。
自古相輕誚文人，各立玄說博高名。
逸少今休誇獨步，言草大令抵乃父。
吾愛坡公醉翁亭，不事設算天真露。
宋代四家曠世才，吾輩豈敢論勝負。
貴能攝取諸賢妙，且隨二王二僧蘇黃米蔡同一笑。

四、論畫

一

心鎖千株梅，意發以指揮。
緣何不展素，俗墨怕塵灰。

二

乍見本無奇，反覆思入畫。
筆意流清真，千古一枝花。

三

至情無瑕隙，完璧不玷塵。
梅意浮紙上，飛揚碑帖神。

四

時迫揮疏意，閒應寫繁情。
圈花酣似夢，不覺已三更。

五

梅性即我性，揮筆寫梅心。
妍處亦淡處，老幹獨傳神。

六

雅俗非共賞，枯潤豈同神。
一枝百種態，全視看花人。

七

幹枯枝奇媚，花香逗畫情。
寫到動人處，總遜自然工。

八

寫梅無晝夜，渡海訪師行。
問師尚可否，祇言筆有情。

九

點點高山墜，枝枝懸腕成。
運筆得禪意，梅中亦有僧。

一〇

畫案小天地，冥思寫長江。
不事俗工法，淋漓水墨香。

一一

終日痴弄墨，畫梅尋古情。
山靜風雨後，可聞步階聲。

一二

若指畫梅易，是知書法難。
毫端傳篆隸，寫得萬枝寒。

一三

幹似降魔杵，枝如烈士弓。
國色莊且妍，併入畫圖中。

一四

入春寒未消，蕾裂雪微飄。
風驟影輕舞，暉斜色倍妖。

香幽隨人遠，花密似火燒。
奇韻天工巧，何能似筆驕。

一五

古幹斂寒光，一枝獨早芳。
真朱不褪色，淡墨倍傳香。
交錯恰相宜，疏密各有方。
今朝為爾醉，莫笑筆鋒狂。

一六

筆下花常豔，未邀雪作陪。
意濃圈滿紙，情動墨成苔。
人待香酥骨，我求俗脫胎。
可憐忙碌客，不知有春來。

一七

登上多摩路，漫山訪古梅。
清香滿國宇，偉矣大中華。

獨凌寒氣發，不見眾芳陪。
鐵幹迎風傲，朱花冒雪催。
奇態逗畫興，清香勝酒醅。
稿就神難寫，繞林幾徘徊。

一八

寒宵展竹素，乘興寫梅花。
幹老糾相結，枝多橫復斜。
珠花綴冷豔，玉枝燦煙霞。
倩影凌波逸，仙姿姑射遐。
雖無香雪補，卻有遠雲遮。
質雅輕凡卉，孤高譽永嘉。
魂鑄吾民貴，品貞舉世誇。

一九

十步一樹兩步花，攀枝蒂萼滿槎枒。
觀時井然點時亂，寫成竟爾神不賒。

二〇
大枝橫挺小枝斜，老幹盤紆鬥古蛇。
休笑痴人病目弱，明窗助我繡繁花。

二一
小苑疏籬影婆娑，幹枝三兩不為多。
疏花幾朵香生紙，譏我不工奈我何。

二二
不訪他花獨訪梅，甘憑雪凍與風摧。
胸中奇幹萬枝在，不待揮毫滿心開。

二三
半生獨步尋老梅，提筆滿胸丘壑開。
硃砂點處心花放，一陣清香紙上來。

二四
仙姿道骨集一身，為君留影恐難真。
寫來方到入神處，恨見斜陽又西沉。

二五

半日訪得病梅君，木枯色豔意中人。
捕捉形神到紙上，終覺遜他三分真。

二六

古剎紅梅天上星，清光逸影照心明。
盲人久研調硃墨，早晚思梅誦心經。

二七

拂曉披衣何所之，淨几已現最繁枝。
莫愁無句頌嬌態，且品香茗待題詩。

二八

枝幹生花無不偕，疏花原依天公排。
蒂萼各安適意處，珍惜一葉掙群儕。

二九

南枝橫斜北枝好，北枝看過南枝老。
中有一枝致其絕，萬蕊千葩弄天巧。

三〇

曲裡春光林裡香，舞姿飄起絳羅裳。
雪花將下風淑斂，畫興昂然馳到狂。

三一

老幹瓊枝比鐵堅，禪心仙骨意昂然。
剛柔我與梅同調，任興揮灑學逋仙。

三二

宜地宜時宜斜陽，密疏濃淡溢清香。
今人一味求形似，焉及天然增華光。

三三

滿懷豪氣隨筆奔，刻骨心淚對至尊。
詩畫渾然入禪意，一天風雪紙上溫。

三四

一點天心筆下知，靜中偏寫最繁枝。
標格高古誰堪匹，風采超逸觀者痴。

三五

東坡竹影元章梅，師法自然得神髓。
今世創新無筆墨，況多謬論扭是非。

三六

十載攻真已得形，略飾映帶自成行。
隨心收放合天趣，用寫梅情與我情。

三七

三十寫梅葫蘆樣，半百訪遍三島林。
老來盡剖歷代法，書筆寫形神見真。

三八

久不寫梅負知音，幾家交契比我真。
元人枝意清人點，繁幹傲然獨古今。

三九

吾愛吳齊寫梅風，簡中流傳韻與情。
長短題跋增畫境，始知天才出深功。

四〇
吳碑氣概美人風，鐵骨冰心有誰同。
守素耐寒知己少，一生惟與雪相融。

四一
吳齊得力苦臨碑，畫筆隨心不離規。
石鼓天發揚墨彩，一樹梅花動春雷。

四二
妙手寫梅不計枝，胸中布陣巧費思。
筆情留在無意處，瀟灑淋漓任飛馳。

四三
妍花幾朵開枯樹，默許明春見幼枝。
從此熟臨篆與隸，新姿待寫早寒時。

四四
牡丹原是富貴家，不宜細筆勾染擦。
潑墨潑彩寫其意，始能見勢不見花。

四五

梅花清雅久愈愛，櫻色豔華過眼消。
日臨古碑老知趣，不學董趙脂粉嬌。

四六

臥看松頭又思梅，心圈意點畫興催。
披衣臨案摸索苦，清香忽自幻中來。

四七

金農黃慎師友親，寫梅跋句口絕倫。
吾門高才三十眾，題詩略遜揚州群。

四八

柔毫淡墨寫繁枝，罕見橫出一簇垂。
恨我志高腕力弱，更笑無能題好詩。

四九

洗眼濡毫敲曉寒，淋漓狂掃老枯珊。
禪心雖笑花光妍，仍磨硃砂點鶴丹。

五〇
為使筆墨能盡意，務在點線留真跡。
擦染重疊西方法，依書行筆信無疑。

五一
紅伴前庭疏影懸，一枝欲醉無晴天。
天工豈比畫工巧，任意曲伸任斷連。

五二
美髯恩師曾農髯，品高學富領風騷。
一幅墨梅無多筆，書韻畫情氣勢豪。

五三
負屈天性不悖情，筆下豪邁墨裡清。
天下花木爭色態，唯有梅兄與我同。

五四
祇賞梅花不賞人，人情那似梅花馨。
筆墨傳得心與意，俗聲塵色不相親。

五五
素描旨在得形似，寫生兼重神意存。
點畫使轉依書法，處處預設筆墨神。

五六
齊翁書法精天發，刀筆神功自稱家。
老來寫梅伸勁鐵，細柳迎風閃疏花。

五七
胸有丘壑畫不難，筆情墨趣師自然。
形似只是兒童步，氣韻生動六法全。

五八
能事曾聞楊補之，墨痕渲染重當時。
淡妝莫笑無顏色，此是春風第一枝。

五九
從來謙遜不多才，今見精絕寫老梅。
行幹蘊藉篆隸筆，疏花朵朵紙間開。

六〇
晨光似雪晚如雲，密處迷離疏處真。
畫者會心一幹老，互讚蒼古復精神。

六一
梅花與我不解緣，時亂恨無古人閒。
筆墨雖拙金不換，只留清氣在人間。

六二
梅散異香賺雅客，吾留情性濫賦詩。
詩成情動畫興至，凝神疏密橫斜時。

六三
梅嶺歸來畫興高，續尋新園寫妖嬌。
一盆花開春意滿，幹古枝奇味最饒。

六四
條亂難分前後枝，長長短短多相宜。
書隨心動情為伴，筆力精時任騁馳。

六五

幾處蒼苔附古樹，三五妍花著細枝。
苟能傳神復得筆，可使前人暗稱奇。

六六

幾點朱花影疏疏，當風老幹意自如。
弄墨何須求肖似，神來一筆已成渠。

六七

揮毫猶覺力未衰，意境恰如醉張懷。
夢寫山川萬里勢，信得神助筆花開。

六八

揮寫梅花勝手栽，凝神圈點香自來。
隔窗已見山色遠，伏案尋夢了然齋。

六九

曾見一梅五指出，醜形不許入堂室。
若觀筆墨濃淡趣，誰道不能與人匹。

七〇

畫梅誰及王元章，明僧八怪另有方。
吳齊傳神大寫意，吾參眾法一幟張。

七一

稀見老幹著繁花，風骨崢嶸任枝斜。
不向華堂獻笑臉，卻甘孤傲傍山家。

七二

筆端輕淡掃雲霞，灑上枝頭滿樹花。
陡覺薄寒侵硯冷，暗香飄渺起橫斜。

七三

筆墨純精有師風，枝姿奇俏花玲瓏。
時光倒得三十代，將設珍藏煮石翁。

七四

筆墨傳神詩有情，梅花題句補心聲。
聊聊數筆見韻勝，宛似老僧坐禪中。

七五

逸寫嫩柔怒寫枯，濃淡交織氣不浮。
老幹難在用筆穩，細枝猶如寫草書。

七六

閒攻籀篆為寫梅，丈餘繁幹毫端裁。
正圖狂為空前笑，天厭驕矜雙木摘。

七七

閒將淡墨寫南枝，不學前人自有師。
首記段處橋畔路，孤山難為早春時。

七八

幹為主體審思定，細察緩寫莫失真。
稿與心合輪廓出，層次陰陽分淺深。

七九

幹橫窗下已十年，歲歲疏花色更妍。
妙趣天成誰寫得，幾思用墨意難傳。

八〇

愛梅不問著花時，但見幹枝情已痴。
筆下能奪造物巧，隸鋒籀意寫梅枝。

八一

愛梅不問著花時，筆下隨時皆似詩。
畫工奪得天工巧，隸鋒籀意三五枝。

八二

愛寫百年以上梅，蟠龍老幹枝橫飛。
玉花的皪潔於雪，照得畫人殘形穢。

八三

愛寫枯身墨不精，神合天籟情中生。
古人信筆成絕品，功力通靈達巔峰。

八四

愧見今人思古人，塗鴉畫虎欲亂真。
寫梅確得紅棉意，題句出處皆可尋。

八五

碑筆寫出梅精神，不似錦絲繡花針。
擒縱毫端凹凸現，墨色枯潤形逼真。

八六

萬株老樹斜陡坡，奇枝迷離畫指拙。
清香撩人凝不散，何妨林中夢南柯。

八七

遍誦古今詠梅詩，繾綣迷離令我痴。
畫梅難在書法筆，怕看西法塗花枝。

八八

對圖覓句空如許，藉稿構思數易姿。
靈動神凝形寫意，畫成正可即題詩。

八九

對樹遽爾發高情，彷彿成竹早在胸。
移之筆墨合心象，新稿居然有古風。

九〇

幹底枝梢勿抵邊，空靈留地且留天。

莫伸枝幹沿邊走，彷彿純週湧白煙。

九一

寫生不似苦學師，右向難伸出左枝。

滿懷盡是古人本，何時方可傳梅枝。

九二

寫梅千幀初得趣，偶感性情流筆端。

非求博取時人讚，懸之窄壁自賞觀。

九三

寫梅不計骨法衰，枯幹依然似新栽。

心下沖盈空靈氣，疏點嫩苞筆花開。

九四

寫梅仍似古籀書，枝斷幹枯氣不迂。

天助盲睛重見日，銀鉤鐵線出蕊鬚。

九五

寫梅應尋百年樹，人到七十始悟真。
曾是嬌妖香色濺，老幹著花傳異神。

九六

寫實容易為象難，用筆隨心意舒寬。
對樹先談稿取捨，主賓位置序後先。

九七

寫盡丹心象國魂，品高格雅正乾坤。
風神凜凜凌冰雪，屹立萬年不老根。

九八

稿是繁梅意是風，自知筆墨兩不工。
古人寫意原求簡，此品應摶古法同。

九九

諸子寫梅各成家，筆臻妙處如流霞。
世人不識梅性雅，爭說不似洛陽花。

一〇〇
賞花暢飲是騷客，評審枝幹為畫人。
半放含苞可小品，繁樹滿開特有神。

一〇一
髯翁一語茅塞通，有意方生筆墨情。
著力華飾脂粉色，衹能耀得俗眼紅。

一〇二
獨仿一家難為格，好句每見妙詞多。
師法自然匯高論，藝臻化境立成佛。

一〇三
龍蠖蟄啟費畫思，盤礴縱橫任曲直。
千年蘚苔貼古幹，萬點新花著醜枝。

一〇四
點花不散萼如苞，蕊射鋼絲力到梢。
霉點參差藏管下，按提功到自然嬌。

一〇五

癡對奇枝一面斜，幹身勁縱若驚蛇。
寫梅每怨尺幅小，紙上豁然寫彩霞。

一〇六

藝風日下認雕蟲，墨彩狂塗不見形。
梅朵寫成木棉大，幹身似椰又似桐。

一〇七

韻勝於形冬心幹，勾勒填墨老連枝。
碑筆得神吳齊技，每怨蒼天生我遲。

一〇八

靈犀未許染輕塵，幾十風霜意猶新。
偶寫冰魂氣勢出，盲睛繁蕊不輸人。

一〇九

坐看松枝起相思，心圈意點布奇姿。
空中萬物原無色，多少異裝不入時。

一一〇

師生梅作目一新，筆墨韻情跨古今。
應各低頭察敗處，勿只忘形鼎沸音。

一一一

數與諸君論范曾，藝人最高一清名。
小事不知深檢點，才藝謀略一場空。

一一二

縱筆盤空任飛馳，何須名利誇當時。
小室別有一天地，胸底雲煙是我師。

一一三

畫家雄姿周公瑾，筆墨瞞過俗眼人。
一紙萬金三島價，惜君何不善自珍。

一一四

不受俗塵半點侵，小樓畫几契梅心。
勾勒圈花時成物，覓句題詩苦到今。

一一五

教梅嘆比畫梅難，婆口豈能動懶官。
寧信士元不問訟，萬事終須尋常看。

一一六

誰能全隱吾暫隱，為使身閒筆不閒。
寫梅千紙書萬紙，散作螢光照道山。

一一七

惜墨有時似惜金，居然老幹作龍吟。
寒花玉蕊無奢筆，已見乾坤化育心。

一一八

了然齋前立早春，絕色清如古逸民。
此生知心惟梅花，筆墨著紙始見真。

一一九

大千善悟二僧筆，勾勒皴染混相成。
大膽金農試繁幹，不知有我犯古人。

一二〇

寸毫圈花千萬朵，枯墨填出老槎枒。
握管無力枝欲墜，有心題句詩興賒。

一二一

元章倒梅冠古今，大癡筆下更傳神。
人諱其音不愛掛，我仍揮毫為寫真。

一二二

心中有梅筆自始，莫躭依樣畫葫蘆。
亂枝繁蕊皆碑意，百紙一無野禪狐。

一二三

心眼看花神更真，空中之色不染心。
畫情忘我靈自動，要寫梅花成洛神。

一二四

心裡奇姿落紙難，梅兄愧我寫來憨。
此情牽攬數十載，何日神采流筆端。

一二五

手到心合梅寫成，半捉形質半生情。
唐宋詠梅千萬首，皆為跋我一枝清。

一二六

丘壑滿胸意渾然，正好任情潑雲煙。
俗作自能工皴染，何若縱毫一揮間。

一二七

代有畫流逐時尚，寫梅豔飾木棉裝。
看似古法實西技，俗眼驚呼法眼傷。

一二八

半身筆墨送韶光，欲寫梅花心已香。
好畫不忍張俗壁，古色流藏千載長。

一二九

去時空空滿載歸，碎枝依理任伸垂。
光暗知源宜從略，筆墨要處勿混違。

一三〇

來時空空滿載歸，亂枝依理任伸垂。
光暗知源宜從略，筆墨要處毋混違。

一三一

可染先生藝事精，童牛爭力見筆功。
瀑形擦染雜西技，氣韻略離國畫風。

一三二

右軍高論先識勢，寫梅應做如是云。
精析情理形自俱，損增古法筆傳神。

一三三

石翁書法精天發，刀筆神功自稱家。
晚歲垂梅無多筆，梅形如傘著疏花。

一三四

同稿為象各展才，短長互見懸河開。
莫想一幀成王冕，新風高格任我裁。

一三五

朱花幾點影疏疏，老幹當風意自如。
弄墨何需求貌似，神來一筆已成趣。

一三六

老腕寫梅意不衰，細枝曲幹千萬姿。
近宜濃豔遠宜淡，輕重斷連信不疑。

一三七

老樹滿山攝我神，欲搜奇稿比前人。
布局難在無畫處，空靈恰似雪迎春。

一三八

西法素描形光影，國畫寫生氣韻神。
同是點線羅列密，前者重技後傳真。

一三九

一寫梅花了俗愁，行枝曲處意自幽。
珠砂半兩千幅妍，此樂何能濁裡求。

一四〇
紙上梅花唇上詩，忍饑冒雪訪梅時。
寫梅更比觀梅好，遊興那如畫興痴。

一四一
半睡揮毫醒後題，怨神疑韻兩相詆。
晨暉助眼拭窗垢，城囂無耳聽曉雞。
忽見滿梢嬌嫩綠，急將朱點堆枝低。
羡煞高隱不言畫，鶴子長天梅作妻。

一四二
為尋古樹到東鄰，名苑山林描寫頻。
藝者多情原自作，畫筆無韻豈無因。
雪中立對渾忘我，紙上布思莫泥人。
但得心胸澹且遠，乾坤何處不宜春。

一四三
梅兄處處發清新，卅載東鄰歲歲親。

密蕊不容風透過，疏枝任教月來伸。
墨枯非證人物老，筆暢應由性本真。
每紙畫成虧神韻，總怪未淨心中塵。

一四四

漫寫瓊花鬥曉寒，宜分宜篆任毫端。
急塗但恐生浮氣，細染只能俗眼歡。
大地成冰恣酷虐，披滿身蘚示辛酸。
梅只與我同寂寞，玉骨冰心鐵作竿。

一四五

寺古境幽小池濱，佇然老樹愣畫人。
一枝屈墜水中影，半幹浮剝膚上鱗。
乍看宛如藤落地，再驚恰似龍化身。
喜成此稿如至寶，且幸筆貧眼不貧。

一四六

老梅倒垂多生姿，正是傲寒披雪時。
鐵骨仙質風格古，豔似佳麗韻似詩。
一日百匝繞不厭，縱筆凝思寫參差。
十年與君成知己，春晚花落為剪枝。

一四七

淡淡素妝倚小樓，香風入戶人亦幽。
詩情千里得新句，畫與三更憶舊遊。
漫圈密瓣月陪笑，疾出長條燈共羞。
擲毫開釀欲長嘯，朝暉徐徐扶陵丘。

一四八

蟠龍老幹滿蒼苔，雙臥山涯近水隈。
銀甲剝離勞雪補，玉花清冷冒霜開。
年隨逃禪遠塵累，品自冰魂月魄來。
滿紙風煙寒徹骨，壁間隱隱動輕雷。

一四九

時遊梅嶺已十年，至今載載鬥清妍。
畫才有限興無盡，漫寫奇姿送晚煙。
頗異農翁只求果，不留高枝舞娟娟。
香啟靈犀入禪趣，韻令心靜伴夢眠。
浮苔鱗蘚別有色，朱苞檀蒂相後先。
風神宜人兼宜景，氣勢拔地復沖天。
忽見一枝似彎挺，並非輕舉故作仙。
一日若歸中原去，攜爾移植西湖邊。
更問林逋栽何處，三人同醉春風前。

五、記遊

一

拂曉入山莊，一毫寫萬象。
幼梅延路栽，爭作揖人狀。

二

楠西梅嶺園，一片雪花繁。
深谷無高下，蜂蝶繞樹喧。

三

東湖造物廣，仍覺西湖幽。
大好山河古，代代鬼神愁。

四

驟雨山洪勢，痲翁急湍歸。
路滑戰場險，話斷六朝碑。

五

名寺黃梅院，密林滿翠苔。
老僧笑迎揖，為有遠朋來。

六

峰高聳萬尺，永雪積千年。
鳥道尋未見，玄奘去又還。

七 遊巴陵

破曉攀腸道，群峰籠玉煙。
神木三千歲，翠蓋掩高天。

八

正愛近山淡，何來遠色濃。
水天連接處，丘壑高矮峰。
搜稿趁朝露，尋幽問老松。
深山不見寺，步步但聞鐘。

九

相逢了無意，物我兩偶然。
初憐橫影瘦，更喜老幹延。
苗幼姿先俱，花疏香已傳。
遊人穿若蟻，獨我久留連。

一〇

島國宜春晚，看桃慨韶華。
青潭待沱雨，淡水疑土蛇。
回首高低路，行徑遠近家。
小憩遼闊處，夕陽樓影斜。

一一

吳越重遊地，名園十九凋。
東風泣往事，遠雁笑今朝。
老婦醒長夜，村姑羨華袍。
歸來空自嗟，一管遣餘韶。

一二

梅色無深淺，繞山終日行。
丰姿隨處改，頻問畫人名。
水淺無魚躍，庭俗無梅開。
羨煞鐮倉人，戶戶選梅栽。

一三

一日穿林不知遲，出林已到月上時。
韶華不留山色遠，明朝景象耐人思。

一四

江戶東郊神代園，名梅百種立沍寒。
綠萼一株初相識，別時依依不思還。

一五

知山人少遊山多，仙境踏成鬼魅窩。
向對山光愛不捨，只惜美景又蹉跎。

一六

花落葉黃我不知，涼風入戶疑秋遲。
梅山來月遊客滿，手觸盆景未著枝。

一七

初夏尋冬阿里山，小園梅花半垂蓮。
花下目送遊人散，未忍折得一枝還。

一八

初識小園綠萼仙，翠煙獨罩紅白間。
素顏招客定睛看，久費躊躇筆難宣。

一九

前護後擁歷險艱，可憐盲眼對黃山。
思塗諸弟陳所見，人在奇松雲海間。

二〇

故人結宅溪邊住，沙路迂迴曲更斜。
行近柴門無犬吠，短牆一樹老梅花。

二一

為訪奇枝熱海園，依山傍路梅相連。
走遍全林無異態，換來一日心中歡。

二二

香蕉山上村連村，栽梅人家雞犬聞。
佳釀美酒待遠客，人在深山不思塵。

二三

香蕉山上林接林，遠近梅家雞犬聞。
千樹萬株從何寫，盈盈相對搜稿人。

二四

唐朝椽瓦漢時鐘，從此三島遍佛蹤。
殿角一枝黃梅樹，笑諷主人背逆容。

二五

海拔高城憶昆明，雲貴勢險黃果雄。
倘蒙天佑還我目，足涉水簾寫瀑形。

二六

寒風凜凜不似春，能分天時有幾人。
身著龍袍征沙漠，侏儒嬪婆禮富賓。

二七

高天候鳥知節來，千鶴落處湅湖開。
碧水丹頂映成趣，伴我雪地寫紅梅。

二八

富士山腰養梅家，滿山冰樹不見花。
夫子豈關風雪虐，忽聞林香日已斜。

二九

濃霧濛濛透曙光，絳苞萬點欲生香。
農家圍爐話未盡，歸去依依何倉皇。

三〇

獨步無言登梅嶺，低吟長嘯意茫然。
花香遠去晚炊近，往來過眼皆雲煙。

三一

鎌倉小鎮家家梅，村婦送迎畫客來。
一碗綠茶暖癢指，到處聞香花滿開。

三二

入山洗足潮音瀑，億載河床登棋盤。
巨石橫空天下小，五指嶗峰出雲端。

三三

三百石階洞外天，蒼松翠竹護佛軒。
眾僧上下擔飲水，仙境引人厭塵凡。

三四

負山面海築上清，千年百果傳妖蹤。
遊人好事守經夜，天明爭怨蒲松齡。

三五

古道巉巉兩日間，忽隨鐘聲見紅垣。
碧瓦老菴常青草，陣陣磬魚誦華嚴。

三六
患痴患盲進退難，人生悲事晁衰殘。
強恃餘勇酬初願，暢遊神州五嶽巔。
三七
煙巒起伏霧濛濛，石磴盡頭蓮座峰。
山影雲光明晦處，隨風傳到曉鐘聲。
三八
城妝市粉入梅村，農叟鄉姑世外身。
香酒土禽話耕事，笑我來作武陵人。
三九
一路無言三百里，林中梅話遶萬株。
明年此日重遊地，互問白絲增有無。
四〇
三島接植漢唐種，到處奇姿壯賞觀。
今訪台南梅山地，蟻腐人傷花不全。

四一

興來出戶寫雲，山身在盧光溪影間。
若得茅屋雲海下，眼底峰巒何須攀。

四二

薄霧微風影迷離，櫻花一朵似梅奇。
巨石野草鑲小徑，輕舉跛肢神不疲。

四三

穿風冒雨上獅頭，忘病忘憂一老鷗。
此時故國正秋意，楊槐黃葉落青州。

四四

少讀岳陽今登樓，長江漢水眼底收。
河山如畫人如蟻，欲淚不知從何愁。

四五

一層雲影捲清光，不見嫦娥淺淡裝。
自古圓缺雖有足，春遊勿忘秋風狂。

四六
白髮初登黃鶴樓，長江漢水並江流。
新裝古態匠心苦，惟憾毛書不知羞。

四七
石徑古剎會高人，童顏羅漢九四身。
語語破我諸罣礙，似可輕增二十春。

四八
大地梅林正覆雪，台南無雪滿山花。
惠風晴野人情暖，畫筆生香在我家。

四九
大江南北雪初飛，島上群山浮翠微。
一白茫茫梅當雪，祇思往事不思歸。

五〇
平湖長岸處士家，綠女紅男不理花。
獨我心遊詩境裡，尋蒐畫稿聽孤鴉。

五一

石陰樹影覆曲徑，細雨高樓遮曉暉。
藤杖輕探步前路，梅妃伴我語常隨。

五二 與祖父登泰山

進士抱孫登泰山，道旁群乞唉聲連。
褸衣垢面童心淚，放眼今世更可憐。

五三 訪日本小倉山梅園

漫天風雪小倉山，雅興直追孟浩然。
雪泥絆靴遶古樹，抬頭萬點鶴頂丹。

五四 訪石神農家

偶訪石神老農家，只惜未見滿山花。
揮毫聊謝款客意，難忘送歸陽已斜。

五五 遊巴陵

巴陵與世不相關，漢代檜林老成顏。
新採密桃初知味，月光正笑忙人閑。

五六　遊巴陵

久夢武陵登巴陵，遊人如蟻車如綫。
古林之外無一物，不見鐘樓不見僧。

五七　遊巴陵

山莊高踞靜蕭蕭，桃蜜鱒肥月色妖。
一夜清夢隔世外，風沙僕僕返市囂。

五八　靖園梅圃

回首荒山不染塵，亂石如陣草過身。
辛苦栽梅茫然裡，他年摘果是何人。

五九　遊角板山得句

雲霧瀰漫角板山，興濃何懼路難攀。
最是留戀塵外宴，歡笑衝破歲寒天。

六〇

拂曉登臨晚見峰，滿山梅花映夕紅。
玉光遠逐黃昏月，枝影輕依高山風。
暗遮畫筆難寫意，香催詩句忽隨心。
衝寒再入市囂暖，烏雲塵土兩濛濛。

六一

河津名自七滝傳，蛇滝隱在七滝間。
近見奇石呑流水，遠聞萬馬正加鞭。
年末風寒遊客少，我獨留連不欲還。
人間每言蛇心詭，何有此蛇動地天。

六二

最盼寒冬最愛陽，仙遊幾度楠西鄉。
羊腸盤盡香蕉路，雪海散去梅嶺香。
獨步不嫌身寂寞，瘦身返覺意悠揚。
沿山驚見諸般象，寫下三分畫意償。

六三
興來走訪復興鄉，林徑荒蕪曉日涼。
南國向知冬不雪，北枝忽見春有香。
幼齡喜呈癯仙貌，新面偏飾姑射妝。
放下畫毫意未盡，獨思此遇不尋常。

六四
繁華都裡歲月昏，今年覓靜避河津。
笑聞誇有七滝勝，臨前驚到黃果屯。
溪流延蔓千里外，世囂盡收萬馬騰。
數丈釜滝瀉洞底，水源接天何處尋。

六五　與友人同遊虎山
虎山一泊入山叢，寥落田村乘曉風。
正想僻鄉無瘦影，忽逢奇樹如砂紅。
蠖蟄龍起生神態，枝舞花繁見巧工。
興起憑窗勾畫稿，浩然明月滿晴空。

六、詠物

㈠詠梅

一

月高斜影瘦，風細花香清。
色比硃砂豔，霜雪更堅貞。

二

冬寒百卉枯，梅獨姿妍媚。
高士處險夷，亦與常人異。

三

年華不復始，話舊可常新。
寂寞思寒梅，香發百年春。

四

老梅江畔路，蹣跚夜歸人。
夕照影零亂，落英正繽紛。

五

老幹剝鱗蘚，枯根困淺沙。
別來經半百，歲歲可開花。

六

折下竹外枝，含苞正欲開。
古瓶擁新麗，陣陣幽香來。

七

忽逢寒梅樹，花開長江濱。
不知春光早，疑是柳絮新。

八

花疏色更豔，枝瘦影迷離。
玉姿發金蕊，寒深雪弄姿。

九

金屑綴繁蕊，綠苔附勁枝。
吾心何所寄，共度歲寒時。

一〇

重疊碧蘚暈，天嬌蒼虬枝。
誰汲古澗水，養此塵外枝。

一一

風打落殘葉，雨剝腐老根。
樹心堅似鐵，再鬥十寒春。

一二

香幽迎人遠，花密似火燒。
奇韻天工巧，誰敢以筆驕。

一三

香待入山處，花開逗人枝。
深臨神仙境，心和淵明詩。

一四

桃李小天下，繁梅接幼枝。
年年姿色近，代代結華實。

一五

野梅江畔路，攀折露濕襟。
仰面觀花處，朝陽映朱唇。

一六

寒天百卉枯，梅花多生意。
達者處險夷，乃與常人異。

一七

寒打松針落，風吹梅蕊香。
枯幹見清瘦，尤發嫩枝長。

一八

嚴寒百卉枯，梅色獨清麗。
歷盡滄桑苦，乃與常人異。

一九

牆角數枝梅，凌寒獨自開。
遙知不是雪，為有暗香來。

二〇

庭前一株梅，迎風欲滿開。
忽覺香氣遶，知是玉人來。

二一

寒梅橫玉幹，婀娜舞霜風。
綠蕊胚冰瓣，含苞吐嫩紅。

二二

萬樹鬥冰雪，銀枝鑲玉葩。
嫩條不忍剪，含蕾待新叉。
風急客跡少，梢動影橫斜。
梅我互依依，歸留問晚霞。

二三

一片丹心象國魂，品高格雅傲乾坤。
風神凜凜凌冰雪，屹立萬年不老根。

二四
一株巧木全林疵，疏疏敗花拱醜枝。
我欲急折棄溝穴，奈何身弱力不支。
二五
一種清姿萬古開，酒徒散去畫人來。
花妍因何果味澀，卻見農家代代栽。
二六
一種清姿萬古開，酒徒散去畫人來。
梅花雖妍梅實澀，辛苦農家代代栽。
二七
人將黃梅比臘梅，豈知此是梅中魁。
偶遊三島光泉寺，始見奇顏為我栽。
二八
十度寒香九度尋，何如紙上水雲深。
期君莫作嬋娟看，中有文貞鐵石心。

二九

十載栽梅初見花，荷鋤老影步顛斜。
全開三五向陽處，映得滿林起雲霞。

三〇

心在梅花滌所思，清香嬌影意迷時。
從來賞吟文人事，今日留我形影隻。

三一

古幹枯瘦一年過，春風又冒細長枝。
簇苞再現往時豔，歲暮別具一種嬌。

三二

玉骨紅妝氣勢豪，不關冰虐與霜饕。
滿天風雪撐天樹，獨為千秋操節高。

三三

生當有暇筆常揮，梅到無果花滿開。
最恨老農不念舊，遮天老樹從根栽。

三四

目眊息屏思古梅，道骨仙風遠處來。
憂時貌與畫人瘦，叮嚀老後常相陪。

三五

任是橫斜多豐骨，卻於清淡見精神。
見他獨傲風寒裡，為汝相思多少人。

三六

冰心玉骨氣為仙，不與眾卉競芳妍。
雪凌風饕花不落，笑傲詩人雅客閒。

三七

老來偏愛是梅花，訪遍山涯復水涯。
昨日東風寒透骨，霜枝依舊逞橫斜。

三八

老幹嶙峋勢蟠龍，鞭枝四射意崢嶸。
瓊花滿樹九面貌，小過白雲映微紅。

三九

我非僅愛梅之形，更為性情恰相通。
歲歲冰雪凍澈骨，滿樹新苞待東風。

四〇

我為梅花空自悲，冰心玉骨幾人垂。
帝胄輦中貴婦脂，千古獨清一梅妃。

四一

我與梅花交未深，祇解形麗不解神。
擱筆朝夕常思念，脈脈相知情自真。

四二

村榻曉寒夢未成，天邊彎月雲一層。
披衣遶屋穿梅影，香到清時人亦清。

四三

到處梅開舉國香，朝朝洗眼看花忙。
大千居士今何在，遍訪神州儻願償。

四四

品自清高絕俗氛，不隨凡卉競芳芬。
鐵骨仙姿超塵外，靜隱孤山伴白雲。

四五

春風已自惜流光，祇放寒梅一樹芳。
玉粉更裝前夜雪，口脂猶注昔年香。

四六

枯旱十年人事盡，甘霖晝夜待天時。
老梅花落性情在，要驚訪客發新枝。

四七

枯枒獨出細長枝，染綠點絳不自知。
憐我稚弱勿輕剪，待我玉立弄姿時。

四八

凌谷懸崖氣勢雄，盤根似鐵傲嚴冬。
九曲老幹天工巧，萬點瓊花舞晨風。

四九
庾嶺傘梅記史篇，花下千賓享春宴。
此情只能夢中見，何者移到香蕉山。

五〇
梅花愈老愈嬌羞，楚楚動人逗客遊。
海角天涯皆舊識，此生共爾在畫樓。

五一
淺深疏密宜相間，前後高低我自裁。
我欲朝夕花下醉，莫教片刻不心開。

五二
清雅絕塵樹高標，幽香直向世人嘲。
一枝一朵神往處，不平立從此中消。

五三
清塵仙骨舞寒風，天下奇姿孰敢同。
任是綽約撩人眼，卻從淡雅見新紅。

五四
湯島小寺石徑高，老梅百株如古妖。
曲幹橫盤花齊頂，彷彿譏笑倭奴朝。

五五
短丘梯田小山村，池畔野梅盤老根。
風催雲湧花的皪，一情脈脈留畫魂。

五六
黃梅獨見瑞泉寺，色素神清美如仙。
聞是宋僧移來物，千年待我寫嬋娟。

五七
幹身如醉亦如仙，花影遮階更覆天。
晁叟若能運此態，應收今筆入前賢。

五八
詩人仙骨舞春風，天下奇姿誰敢同。
任是綽約撩客眼，卻從淡雅染新紅。

五九

夢中輕澹醒後煩，那知老梅立風寒。
幹搖枝顫花不墜，骨是鐵質心是仙。

六〇

夢裡得詩驚奇才，情高韻雅天然來。
吾若寫梅有佳作，要借此絕訴老懷。

六一

滿林梅態各神奇，古雅媚豔姿不一。
我笑玄宗半俗濁，傾心楊女遠梅妃。

六二

熱海邊陲梅千株，幹老花繁枝橫出。
朱朱白白霞中雪，亦清亦豔絕塵俗。

六三

樹樹老梅花似錦，獨鍾橫斜兩三枝。
眼前只覺清香澈，方悟自然是我師。

六四

嶺上瘦梅如鐵堅，凌寒獨立不知年。
懶與桃李競芳豔，斜出一枝映碧天。

六五

雙龍老幹翠蒼苔，獨立寒天近水隈。
橫舞一枝花似錦，比比金蕊向陽開。

六六

難見著花一年枝，嫩綠點絳更相宜。
老農莫作輕理剪，待他亭亭玉立時。

六七

攝神入目一橫枝，有若飛仙舞輕姿。
的皪疏花鑲彩帶，點點金光月照時。

六八

鐵骨冰心老更剛，清姿兀自傲含霜。
一生不畏北風掃，朵朵珠蕾送遠香。

六九

愧我愛梅徒有名，遜他神清韻亦清。
若無雪覆風來虐，信發香氣滿天晴。

七〇

黄土青天滿眼空，一株老梅立寒風。
此梅與我相知久，對立盡在無言中。

七一　詠見鶯梅

舜水先生德川師，幕府人誦孔孟詞。
偕樂園中梅千樹，庭前見鶯稱當時。

七二　摩耶精舍盆梅

好梅入盆識者哀，精舍珍景俱成柴。
筆下清姿今猶在，可憐人去木亦衰。

七三

許家門外一株橫，恰似古蛇纏萎藤。
遠看不信老梅臥，萬點瓊花令客驚。

台南楠西香蕉山峻嶺起伏，一片梅海為二十萬株。許石塔伯五十年前嘉義遷來拓植，佳苗之首户也。余嘗為搜畫稿，求宿數日，朝夕談史吟詩，訂忘年交。門前有巨梅，老幹盤錯，繁花蔽空，蔚為奇觀。及逾年再訪時竟遭禿斬，僅餘三尺餘，余悲而稿之，此五年前事也。昨翻篋重得，如見故人，追憶舊姿，為之加枝添花成幅，喜有幾分似處，一時恍然神往。

七四

胭脂萬點映霜雪，疑是枝頭杜鵑血。
赤帝肆虐百劫生，外凜沍寒腸內熱。
折鐵屈冰氣鬱勃，散作眼前紅玉屑。

七五

和風瑞雪報龍年，老圃梅開冠歲先。

鐵幹盤虬丹換骨，珠花簇錦玉生煙。
神州夢裡凌波影，寶島望中姑射仙。
祖溯炎黃延萬世，國花永佔百花巔。

七六

高標逸趣靜中尋，愛訪幽香滌俗塵。
僕僕世途嫌夢短，壘壘案牘盼陽沉。
宜向冰雪堅清操，更與松竹契素心。
養得晚來浩然氣，滿樹瓊花傲古今。

七七

臨水依山入多摩，漫步踏雪訪奇梅。
一樹朱花遮天碧，半體綠苔著境塵。
眾芳遠遁何處去，清香唯自身邊來。
欲成全稿難落筆，繞樹再作幾徘徊。

七八

陽和初動雪初融，玉潔冰清舞寒風。

摠為孤傲踞高嶺，卻甘寂寥向碧空。
仙姿笑受群山拜，古韻周旋眾卉中。
任是雲煙多變幻，遠處鐘聲氣如虹。

㈡其他

一

每驚松色情，不覺時光移。
欲悟色即空，仍為花影迷。

二

滿塘荷已落，勁莖立枯黃。
老根迎春醒，承露放新篁。

三

為嫌春尚早，潑上胭脂汁。
終入武陵溪，飛花涴遊履。

四

清香一片卉之尤，何用東籬遠去求。
最是畫人筆下物，丹青點處坐忘憂。

五　詠松

疏疏落落一枝垂，青青翠翠遮日暉。
欲存老卷千年意，還須根基百尺栽。

六　詠蘭

蘭解人寂放奇豔，不見花色照神交。
世上翠蘭稱罕有，含羞弄首閨中嬌。

七　詠牡丹

揚州一朵號能行，墨染嬌姿前有情。
莫訝先人工溉灌，此花原自研池生。

八　詠貓

野草叢中學虎威，翻躍俯臥不思歸。
此城惡鼠家家住，擅離職守罪問誰。

七、閒適

一

讀書不問夜，論壽不計年。
心隨清風爽，身與泰山安。

二

終日疾弄墨，畫樓尋古情。
山靜風雨後，可聞步階聲。

三

夢游彩世界，意點美人睛。
醒來慎移步，倚窗聽鳥聲。

四

山靜噪音擾，客多話語香。
鳥歸訴新曲，思梅詩與長。

五

庭中一盆梅，親手十年栽。
擱筆倚門看，淡香撲我來。

六

磨墨觀松動，小憩聽鳥啼。
雨過雲猶密，不見遠山谿。

七

老病得餘暇，籬花親手栽。
庭草摘枯葉，沿溝掃青苔。

八

眼前皆所愛，天外誰能詳。
矮藤禽爭唱，荒森哭倉皇。

九

犬聲驚好夢，鳥語達清晨。
茶後揮大筆，徐徐待月昇。

一〇

秋涼葉日疏，落地花不香。
趁在未落時，笑顏對夕陽。

一一

霧重疑無山，忽見遠山影。
恍如沉夢中，又似半清醒。

一二

年來每憶君，不期裊然至。
笑顏無風塵，語多參禪意。

一三

細雨夏天曉，忙中且借閒。
院松遮遠嶂，牆竹低重山。
時竊村夫語，每看破役還。
樂哉筆在手，盪氣蘇黃間。

一四

蕭蕭窗外雨，茶熟客心安。
家釀催頰暈，詩語隨箸歡。
草花銜街黃，薄蘚繡欄丹。
銀鬢長几畔，古碑自在看。

一五

高閣橫秀氣，清幽併在君。
檐飛宛溪水，窗落敬亭雲。
猿嘯風中斷，漁歌月裡聞。
閑隨白鷗去，沙上自為群。

一六

山舍退隱人，不思涉凡塵。
解衣松下坐，脫履草上吟。
訪客皆知己，微風奏雅音。
鷓鴣高處唱，往來千里雲。

一七

心曠不知白日長，鳥聲報曉又夕陽。
占句揮毫興未了，燈光斜指夢蝶床。

一八

點點梅花點點星，花招星笑月玲瓏。
畫心恰似一輪月，忽現忽遮雲未停。

一九

去年今夜月色清，似見嫦娥在月中。
今晚烏雲遮望眼，來秋再看月邊星。

二〇

手彈長葉知蘭在，入耳熟音老友來。
足弱心攬萬里景，山居恰好遠塵埃。

二一

久坐涼台不放曇，微風拂面兩無言。
東方戶透曙光意，熟鳥高歌為我歡。

二二

奇啼妙語百鳥合，遠近山林謳古歌。
初上朝陽庭草暖，微風徐徐過前額。

二三

蒼天賜我屋數椽，前後花香環抱山。
晨起柏榕吐清氣，夜無俗羈作神仙。

二四

飲風踏露一徑深，滿地落桐白沈沈。
山靜不聞野犬吠，忽聽雨點打葉聲。

二五

牆角盆梅日數開，窗前雜木作竹看。
低頭如見孤鶴遠，坐與友生竟夕談。

二六

數間別墅依山岡，遠樹近花淡水長。
一友竹杖踏月影，松風十里任徜徉。

二七

院前院後飄黃葉，近樹遠山無鳥鳴。
山舍日日歡笑續，壁間紅梅獨崢嶸。

二八

犬聲斷續暮色沈，孤影空樓思入神。
昨日松色增新綠，今想梅花貌愈真。

二九

入廚烹得海山珍，醇酒香茶無比倫。
休笑詩翁貪杯物，憐他太白是前身。

三〇

畫客泛舟蕩海涯，皆曾相識話無邪。
各展奇思揮妙筆，悠悠天地寫浪花。

三一

庭中草木室中書，日寫梅花佈山居。
入地與我渾同體，忙裡知閒神仙如。

三二
心開目閉天常晴，明月一輪拱群星。
樹影山光皆是畫，移來夢裡滿詩情。

三三
寫得庭前十尺松，移來巨櫻開滿紅。
臨窗揮灑神仙境，一草一花皆有情。

三四
大海翻騰一波高，浪花高處轉低濤。
風勢迴靜漪影退，一片日光映祥和。

八、酬贈

一 贈靜心小學

鴻鵠有其志，不與雜鳥爭。
十載培風翼，一舉翮南溟。

二 贈蔣緯國將軍

昔有聾樂聖，今見盲書家。
同是天涯客，寂寥無所誇。

三 贈曉珍

捲捲雨中風，濛濛窗前松。
伊人千里外，寂寞應相同。

四 贈曉珍

蘆屋半夜雨，新店可聞聲。
又是秋月落，催人思故宮。

五　贈曉珍

大言常飾弱，淚止力重得。
長路相扶持，舊情溢心波。

六　贈曉珍

去年中秋夜，舉手感微光。
今夜不出戶，嫦娥伴身旁。

七　贈曉珍

生生斬不斷，善處今世緣。
因果自有律，誰能擅捐添。

八　贈曉珍

情投筆墨趣，十載不知長。
無意後世名，祇求今日狂。

九　贈曉珍

爐邊話往事，一瞥廿餘年。
夢醒情如舊，空庭風雨酣。

一〇 贈曉珍

人自無中來，歸向無限去。
生死紙一層，與卿永相聚。

一一 贈曉珍

客旅百年過，有無一念間。
談笑方寸淨，幾世修此緣。

一二 贈曉珍

晨昏伴榻邊，生死委蒼天。
笑裡福常在，一乖招不煩。

一三 贈曉珍

年老童心故，倔強復執著。
為情可碎骨，據理鼓戰舌。

一四 勸友人

悲歡緣有定，聚散終成空。
嗔慾決生死，孑然一飛螢。

一五　友人送南瓜

日待台南客，今抱南瓜來。
故里兒時物，跨海見同胎。

一六　念徐天稚

小聚祇數度，神交終此生。
結緣在山徑，恨病少相逢。

一七　贈陳欽忠

得失相去遠，利弊互消長。
動靜宜三思，隨緣草木香。

一八　贈陳秋玲

愛梅成痴女，落筆如兒童。
跋句窮心力，紙外現飛龍。

一九　贈鄒達人

眾生各有悟，交談慰平生。
不羨俗事樂，但養神仙情。

二〇 贈蔣緯國將軍

沉疴勞客訪，梳理作常客。
問筆有新意，吟詩發舊情。
愧對知遇深，感在不言中。
將軍應未老，壘壘百年名。

二一 勸友人

惡言種大恨，怒火葬深情。
既締永世緣，故為一怨崩。
求解諸結釋，開誠冰雪溶。
人生一場夢，笑顏貫始終。

二二 勉李隆壽病

騰龍十萬載，陶彩八千年。
吾生一粟渺，大地百劫連。
魔來學打虎，險近坐聽蟬。
與爾同揮灑，壯緣接老緣。

二三　勉林照蘭書

燃髓投薪火，得意有幾人。
春風驚潛才，絢玉籠薄塵。
鐵腕征唐魏，同儕出鳳麟。
慎哉世途險，本固神自真。

二四　贈范振興

同是天涯客，相識髮已灰。
遠俗攻書藝，閑雅學畫梅。
暖足觀音心，捐睛菩薩胎。
人生原夢幻，祇此轉輪回。

二五　贈徐心近

身寄天邊島，夢迴故國遊。
鄧尉林如爪，孤山鶴點頭。
龍幹揖客笑，妖花惹蜂逑。
忽起畫梅性，暫消遠地愁。

二六　贈陳建民

黃葉凋零盡，淚泉漸覺稀。
人寰老後窄，世道險中微。
音少念未了，弦斷人已非。
贈梅成遺物，此意長依依。

二七　賀李興義新居

相識為師友，心交逾弟兄。
來時笑談暫，思下海天清。
互慰老身健，喜聞新廈成。
寫贈繁梅樹，聊抒十載情。

二八　贈鄒達人

良師遷遠國，山居轉荒涼。
金樽無人對，妙語誰能黃。
壯臂推輪椅，玉人伴冷床。
客路人人異，何需計短長。

二九　贈田家炳文教基金會

天地四時序，生生萬物常。
聖賢立德言，賴以樹倫綱。
世亂道統廢，邪惡肆猖狂。
仁者倡文教，厥為國族昌。
盛舉百年砥，英才得扶匡。
受益眾學子，偉業耀炎黃。

三〇　贈曉珍

又見中秋月，月已幾回圓。
今夜山海隔，兩影不並連。
孤獨凝淚熱，相思刺體寒。
回憶初識月，月圓在碧潭。
橋上人似縷，舟間笑語歡。
髮飄泛雙櫓，月下美如仙。
天生絕代質，飽我一生願。

來時情急急，歸時意戀戀。
微笑藏萬語，傾慕萌心間。
飲冰止喉渴，白水比蜜甜。
月裡有老人，從此常相伴。
晚晚月下行，處處手欲牽。
清清故宮月，送下嫦娥顏。
我心穿萬梭，我身已狂亂。
五十虛度後，驚得此妙感。
此感復我生，此感癒絕患。
人生得此感，即死已無憾。
感自愛中來，感從愛中泛。
感受交互增，一瞥逾十年。
今宵月何缺，今宵人何遠。
明年此月夜，雙影立橋畔。

三一　贈靜心小學

偶得一點心花開，從此略悟古人懷。
課餘餐後靜片刻，洗硯張紙握筆來。

三二　贈靜心小學

一點薪光一滴心，只傳古法不傳身。
幼苗十載成大樹，應是炎黃好子孫。

三三　贈靜心小學

七十年前稱神童，揮寫榜書觀者驚。
喜見神童滿堂坐，願爾志高越吾程。

三四　贈靜心小學

滿室競臨張猛龍，功夫到時才華生。
書道承傳五千載，代代藝林出神童。

三五　贈靜心小學

諄諄教誨師恩深，同窗歡聚手足親。
幼苗難捨各分散，他日再會皆成林。

三六　贈靜心小學

自古英才出少年，滿懷壯志夢亦歡。
家國重任並肩荷，書法根基萬事先。

三七　贈蔣緯國將軍

空坐虛席原無味，大將至死不辭官。
只恨生來冠蔣姓，老後為國已無言。

三八　贈蔣緯國將軍

將軍一向話鋒健，談字談詩談寫梅。
緣定於梅無他涉，難得儒雅遠方來。

三九　贈姚夢老

求進常揖長者門，思休安處接門人。
益言歷歷猶在耳，吾承舊見守清真。

四〇　思念馬晉三

書法定交四十春，從無一語不由心。
十年病累愧深愛，誇我盲書紹古人。

四一　贈陶萃權

乘風千里問病情，幾世修來此陶公。

卅載相交如初日，待睜雙目答高情。

四二　贈蔣君實

青島別情記猶新，英發滿志語超倫。

各歷風霜五十載，再見談詩不談人。

四三　憶陳澤霖

故人往事一夢後，人十倍念二十情。

茫茫大地君何在，老小一家可平安。

四四　贈田家炳先生

百折千磨不壞身，衝寒猶自發花頻。

珊瑚鐵骨堪風世，一樹花開天下春。

四五　贈簡宗梧、林芳蘭賢伉儷

人間伉儷神仙侶，待我恩情重於山。

豆漿油條身心飽，數日一會夢亦甜。

四六　贈簡宗梧、林芳蘭賢伉儷

土虱難求貴於金，日贈一條夏至春。
沉疴全除病體健，不知如何報此恩。

四七　贈簡宗梧、林芳蘭賢伉儷

緣結紅楓秀水間，淡淡契合皆無言。
盲中待我天地動，寂寞殘年不覺寒。

四八　日本熱川、白田河贈曉珍

百日別離千載長，白田潺潺心茫茫。
一夜無夢幾回醒，不見伊人理輕妝。

四九　贈曉珍

冷臥匡床眠不成，隔海傳來戲笑聲。
一生相愛千生孽，豈容一塵染海清。

五〇　贈曉珍

初見似曾早相識，兩情脈脈勝故知。
含苞低垂羞不語，不忍折枝欲別時。

五一　贈曉珍

無尤無憾順天緣，乍見已知註百年。
大海同舟向彼岸，浪花洗淨淚花斑。

五二　贈曉珍

世人相交為黃金，獨有你我心對心。
今生應是前生債，又結來生不了因。

五三　贈曉珍

東坡無伴寫寒石，赤膊畫梅寄相思。
盲叟半生得知己，情深百倍初見時。

五四　贈曉珍

沿牆幾株桂花香，老男少女笑盈房。
誰說人比桂花老，吾見金桂福壽長。

五五　贈曉珍

盲踱山居恰經年，感激為我頻登山。
一言一物枕邊淚，況有知音伴榻沿。

五六　贈曉珍

氣似長虹筆似刀，久病返覺畫情豪。
肢衰竹杖代遠步，目鈍玉聲侍終宵。

五七　贈曉珍

茫茫河漢又七夕，邈邈深情無盡期。
人在愛中當珍惜，日月周遊情不逾。

五八　贈曉珍

晨昏伏案一盞燈，推韻敲聲問書童。
坡老晚年奚比我，寸陰應惜不問齡。

五九　贈曉珍

山居臥病四五年，和衣服侍晝夜然。
驚夢幻影哭無淚，強歡作笑遞枕邊。

六〇　贈曉珍

夫子尋梅履冰雪，少陵覓句渡淮河。
喜窺懶徒勤握筆，書臻入趣樂五合。

六一　贈曉珍

心悸脈停病已沈，寫字畫梅妄費神。
空去空來六十載，一魂縈遶在君身。

六二　贈曉珍

父女情懷獅頭山，石路磐蜓秋初寒。
一聲清音呼入耳，驚見天女偎身邊。

六三　贈曉珍

北雲過境報冬寒，花落院黃人無言。
偷許百年未酬願，不容拭淚負嬋娟。

六四　贈曉珍

占句自書神仙境，人生知意謝蒼天。
梅花伴夢心不老，雅興織成世外緣。

六五　贈曉珍

花不見色香更好，語祇傳聲情逼真。
十年相知如一日，餘歲為爾捐殘薪。

六六　贈曉珍

前世來生皆是謎，空悲離恨事無益。
寸陰片語金玉貴，勿理風吼雨淒淒。

六七　贈曉珍

高言沈默不相猜，性烈情柔美人胎。
買樹脩園無吝色，待人一片童心懷。

六八　贈曉珍

真才論品不論價，知己言情不言貧。
一筆神來金不換，留為後世寫長文。

六九　贈曉珍

淚痕未拭笑顏開，根深不懼風雨來。
半生養得志道合，晨光夕影共徘徊。

七〇　贈曉珍

最苦空樓待人歸，何堪他日燕分飛。
此刻有緣且言笑，莫挨夕陽落山陲。

七一　贈曉珍

喜見新炭放晶星，十載耕耘樹已成。
年逾七十夢始現，期君生涯伴我行。

七二　贈曉珍

無傷無感淚自流，拭者頻追何事愁。
天地曾經盡屬我，梅香今只夢中幽。

七三　贈曉珍

菩薩心腸黛玉情，一面投緣一始終。
八十不幸成盲叟，晝夜床邊吐心聲。

七四　贈曉珍

載談載笑嫌日短，觀畫論詩興方酣。
無邪歲月不覺老，紅顏白髮一童年。

七五　贈曉珍

廣院綠茵暖朝陽，雙鷹呼語意悠揚。
隨緣處處是樂土，況有知音伴身旁。

七六　贈曉珍

影動前庭松桂間，顫身無力撫窗欄。
莫猜難解因果謎，白髮輕搔對笑顏。

七七　贈曉珍

辨光識影感天恩，漫筆詩書自在身。
問我何由居人上，相知深於卓文君。

七八　贈曉珍

江瀉千里終入海，舟達彼岸不思還。
成仙成佛俗者夢，百年貴逢一知己。

七九　贈曉珍

百丈金山不足貴，純情一點向所尊。
事經踐查見本性，更具法眼洞俗心。

八〇　贈曉珍

得也失也心坦然，成也敗也一笑間。
今日相聚即是福，生乎死乎任蒼天。

八一 贈曉珍

自知眼淚不輕彈，況為療目忌悲歡。
只緣生來多情種，朝角書齋燃香檀。

八二 贈曉珍

晝夜息通影不離，質疑問字忘宿疾。
人間竟無不諧韻，匠心藝境老愈奇。

八三 贈曉珍

愈分遠近愈茫茫，久立歧路意徬徨。
幸有代睛復代杖，且能代筆寫文章。

八四 贈曉珍

相識同遊舊古關，弔橋險於蜀道難。
步步驚顫求扶助，回頭已是三十年。

八五 九州會行德友太

高情牽我九州來，太宰飛梅正滿開。
猶憶坐談元禍險，而今夜靜我獨哀。

八六　贈方展里

有時畫就詩難排，得句又嫌筆墨衰。
今日梅成題亦好，莫非我有三絕才。

八七　贈方錦橋

愛書自知無畫才，喜試寫梅竅初開。
放懷故國重山外，還鄉三畝親手栽。

八八　贈方錦橋

婚姻況味樂無窮，有如船行大海中。
舵首應知心平靜，庶免浪擊船覆傾。

八九　贈王康儀

百世夙緣今世逢，質高韻雅驚天生。
此情不許人間有，何妨長敘來夢中。

九〇　贈王康儀

禪心登攬五台山，半生浮華氣不凡。
臨到去時方知緣，古城一見已數年。

九一　贈朱正宗

北望家園落照殘，滿懷往事今孤寒。
神州久失真顏色，臙脂和淚寫癯仙。

九二　贈李興義

武夫好畫有何誇，赤膊且常寫梅花。
入老漸知筆墨趣，求天加我百年華。

九三　念鄒達人

山路不平兩足倦，世情紛擾人心懸。
知音遠移萬里外，酒後靈犀可相傳。

九四　贈林嘉倫

道始太初宇宙前，生息繁衍序儼然。
先哲立論窮玄奧，迪啟新思千萬篇。

九五　迎達人歸來

鴛鴦比翼任遨遊，麻雀深交望海愁。
昨天佳肴例滿座，茅台無數灌君喉。

九六 贈姚禮榮

落葉天涯歸國人，神仙眷侶結為鄰。
十載過從書畫裡，一生能得幾知音。

九七 贈范振興

深山空閣渡端陽，佳節誰祭汨羅江。
范弟例贈粽一簍，各增白髮話滄桑。

九八 贈孫康

慣用西格繪山林，彩光滿紙水氤氳。
今日寫梅全異趣，一筆長枝力千鈞。

九九 祝達人遠遷

端午舉杯祝遠離，多年相聚情依依。
天涯何方是棲處，隨緣笑待再會期。

一〇〇 贈馬碧玲、譚曉黎

話如江水思如文，談到鋒頭夜已深。
有女如此堪足傲，譚曉黎與馬碧玲。

一〇一　贈張敬文

難忘放牛鋤草年，不平夜夜問蒼天。

朝廷四易人將老，學寫梅花伴悟禪。

一〇二　贈陳秋玲

吾師橫梅在許家，十載煙塵色未賒。

畫意詩情躍紙上，墨生清香筆生花。

一〇三　贈陳秋玲

許家壁上紅梅幅，認是吾師信筆出。

反覆揣摹成腹稿，寫來仍覺意闕如。

一〇四　贈傅文丕

用情恰似瀉黃河，人在夢中蠢事多。

天下江川皆入海，綠洲過眼成乾涸。

一〇五　彭雅玲贈藥

幾粒金丹藏地來，久用靈窗一線開。

眾心鑄誠動天地，為我再續今生胎。

一〇六 賀徐懷聰得女

大喬初唱唐人句，小喬週齡又索梅。
此樹原是多結子，年年請到山居來。

一〇七 贈黃哲夫

欲展老翅翩天涯，人生到處可為家。
一葉孤舟知浪險，心靜神逸想梅花。

一〇八 贈黃哲夫

囊收筆紙天涯路，畫人到處可為家。
客居借來燈一盞，性舒意適寫梅花。

一〇九 贈楊樹華

非衡非泰亦非華，半似黃山煙雨遮。
心望神州皆是畫，何時雨過好還家。

一一〇 贈鄒建周

師上同屬高齡人，授我坐工意境深。
修道不為生死事，餘歲但求平和心。

一一一　贈鄒達人

多年相處契無隙，一朝云去遽然空。
同行過客終須別，來日書札待長風。

一一二　贈潘鷺汀

家學陶我性好書，訪得名師償願如。
寫梅原賴書功厚，此生不枉樂有餘。

一一三　贈譚曉黎

為教為學兩奔忙，愛書愛畫倍神傷。
寫梅恍然在仙境，心若止水意芬芳。

一一四　爲張秀蜜女棣論鄭道昭

文姬過舍論魏碑，夫喚兒啼忍不歸。
道昭微笑芳心裡，雲峰山下骨一堆。

一一五　贈靜心小學

師生弄墨樂陶然，大展才能笑聲歡。
人生離合皆有數，六年母校各分散。

卅載滄桑重逢日，似見雪溶鬢髮間。

一一六　贈鄭文惠

性情中人文惠君，抱兒玩女看病人。
淡淡相交十五載，筆墨之交情投契。

一一七　贈馮藝超、鄭文惠賢伉儷

智男才女登山來，探病贈糕慰老懷。
筆墨之交情相契，至言諸語從無忌。
十年心力得意人，不負歸田承傳志。

一一八　贈曉珍

除夕一夢又新春，小隱山居影對人。
歡聚佳節昨日事，離散故交老後心。
朝朝寫經為來世，終須慎了此生情。

一一九　贈曉珍

莫道天涯漂泊苦，日隨筆墨亦悠哉。
孤燈幸有書童伴，僻徑欣無俗客來。

心在梅花互解意，笑答知己不相猜。
春晴漫步青山遠，清風十里一往回。

一二〇　贈曉珍

隱居孤憤惟君知，日日夜夜怨別離。
感慨中年歲月快，十載歡樂有幾時。
家園一擲成碗碎，真情百劫愈癲痴。
不畏世態薄於紙，只愁白髮添新絲。

一二一　贈曉珍

聊為不死自歡欣，終生飲苦只為君。
帶病呻吟知半夜，驚夢拭淚已三眠。
微音難與呼吸斷，形影總在枕榻邊。
已慣天涯孤獨日，衣薄室凍渡新年。

一二二　贈曉珍

仙果僧齋養天年，學詩習草何悠然。
院裡無梅壁上看，心中有話門下傳。

晨光悦目鳥穿竹，月色宜人影入簾。
閑話斷續敘往事，最是難得老後緣。

一二三　贈田家炳文教基金會

文教耕耘路艱辛，先生品藝紹古人。
此生心志共得償，十年桃李已成林。
諸子敬德復敬業，良師傳法不傳身。
噪鴉到處爭高樹，滿壁梅花遠俗塵。

一二四　賀藝超文惠婚禮

莫道天涯尋道苦，古今奇緣締雙才。
百年幸得詩書伴，寸步相隨儷影來。
伏案論學互解惑，隔窗對笑了無猜。
我今補贈紅梅樹，萬點瓊花代舉杯。

一二五　贈曉珍

三十年初情依舊，小山廬花木扶疏。
嚼菜根淡中有味，思古句千種人生。

吾不懼夕陽驟暗，只空嘆願未從心。
夢幻中江山如畫，世態裡炎涼堪嘲。
百代間人來人往，忍寂寞且度今宵。

一二六　賀姚禮榮新居

老來揮寫愈入痴，祇任性情不計時。
滿地棄紙皆半稿，偶有巨構見者奇。
舊鄰夫婦喜相識，先生風流女如姬。
十載結得翰墨契，朝索書幅晚索梅。
酬金萬兩向不賣，寧換知音酒一杯。
近告財多置新邸，又為廣壁請新題。
力作堪示百年交，願爾百年情似詩。

一二七　贈曉珍

自我知道能給你幸福
我是多麼想我的命長
若有一天睍你為我受苦

我會求我的命短
我為你活著
我活著就不能沒有你
我不願先死
但我會在那時
讓你安心的死去。
命運啊……
我和你究竟能多少年在一起。

一二八　贈曉珍

紅豔的朝陽
微笑在海的彼方
映著一朵欲墜的孤雲
遠隔著一片海洋
它等著東風吹來
將它吹近煦暖的朝陽

在那裡　死無恐怖
愛無刺傷
在那裡沒有冷淡寂寞　嫉妒和
愁腸
燃著青春的火射出生命的光
在那裡有信賴　有安定
有永恒和希望
在那裡情如電　話如蜜
心緊扣
神惚恍
是漫長的熱烈
奇妙的宿命
流不乾的淚泉伴著仙境的蕩漾
這朵欲墜的孤雲
湧出了生命的新力

永遠守著它的朝陽
等著孤雲墜落而消失
朝陽也退回終遠的遠方

九、悼念

一　念父親

夢裡更清瘦，醒來又分散。
此生相聚少，何處償此憾。

二　懷姚夢老

音容老壞去，真性留人間。
此緣信未了，幾生作長談。

三　悼徐天稚仙逝

枴杖併交我，先生化羽歸。
晨昏賺我淚，步道景全非。

四　悼六四天安門英魂

但見血肉漿，腑臟俱爆裂。
重車攢軀行，萬屍燼跡滅。

此恨幾時消，無名怎立碣。
舉世同灑淚，悲聲震空穴。
悼以詩歌美，人從世寰絕。
倚窗神已失，人命輕於屑。

五 悼六四天安門英魂

暴秦返魂來，殘虐愈無度。
芻狗咒天地，善良屍盈步。
連夜瘟旨催，掌中逸無路。
祇見血肉飛，彈雨掃睡兔。
知死早遺書，永宿天安墓。
坑儒家應傳，於人又回互。
冤氣沖霄漢，舉世心披素。
悲哉黃帝裔，從此應深悟。

六 悼六四天安門英魂

黎庶罪何深，蒼天降暴桀。

虐政四十年，家家喋鮮血。
未冠正氣發，感時心欲裂。
聲起天安門，肝膽壯似鐵。
哭諫出至情，字字冰玉潔。
見者淚交溶，聞者同聲咽。
此義薄雲天，此行比聖哲。
絕食倒黃沙，音失血猶熱。
為國早遺言，以身追先烈。
暴權瘋獸性，視為不赦褻。
殺令連夜至，精英宿命決。
酷刑史未有，速死未啟舌。

七 念祖父

祖孫步趨樂，踏青掃松塋。
田邊挖苦菜，籃滿話歸程。
石橋遊客多，城影斜桑城。

桑葚紅如李，舉我攀枝柯。
老人捻鬚笑，喜意掠眉額。
得意目光射，齋几授筆法。
五載一日過，隨父遠他去。
老懷應寂寞，信札月往返。
常念苦菜味，故里咫尺近。
家國離亂後，兩心天地隔。
惡耗疾電來，嗚呼成永訣。
是年我十齡，祖壽正花甲。
今我七十五，掃墓事如昨。
提筆神情歷，牢記不敢訛。
用傳後代人，聊謝永世澤。

八　祖父七十忌辰

翰杯獨飲范公亭，看我捕蝦戲水清。
潦倒故鄉一病去，無限依依青州城。

九　憶臺靜農、張大千兩老

臺師橫額如人賢，二仙攜手離俗寰。
蠟人迎客寞不語，可憐失怙長臂猿。

一〇　泣悼姚夢老

藝界巨師隕刻間，高談歡笑隔一天。
鶴影白雲淚望眼，匆匆十載不了緣。

一一　懷姚夢老

慟為藝壇失此人，從無一語不問心。
聖賢其志壯士膽，讀萬卷書傳後人。

一二　悲夢老仙逝

無名熱淚每盈眶，不待尋由暗生傷。
多少故知杳然去，眼前新事痛腑腸。

十、諷時

一

壯鯨游海際，狂歡不知息。
今橫沙岸上，任由見者譏。

二

巫咒千萬條，神棍遍巷隅。
可嘆無知群，甘心為魚肉。

三

信徒各有神，諸神可相識。
地上門戶嚴，爭詆無寧日。

四

昨日蒼蒼樹，今堆危危樓。
衹求眼前醉，誰為後人憂。

五

今世堪哀嘆，忍聽朝野亂。
自古辨忠奸，未見此昏頑。

六

瓜田李下口，羊皮狐狸心。
天下亡爾手，何處爾存身。

七

為政私心蟲，百姓骨成山。
文人空悲憤，不若學刀劍。

八

微寒生廊下，細雨濕薄襟。
今夏時令異，朝野不見人。

九

隱渡七三壽，適傳波戰息。
人間蠻於獸，族類殘相食。

一〇

垂櫻密如雪，遊客盡意歡。
早忘南京骨，閣揆靖國前。

一一

病床心憂國家事，自見丑猿坐龍龕。
能者掛冠佞者近，關愛眼神倚豬欄。

一二

藝林處處噪亂鴉，億載清流一日雜。
各立謬論變古法，搏得名利欲成閥。

一三

夜難成寐晝夢長，犬吠引人入遠鄉。
花木俱非今世色，蜂蝶迎客倍輕狂。

一四

來時大樹接綠蔭，轉眼今賢成古人。
狐尾西潮破籬入，芒草斷喬難為林。

一五

天地育成費苦心，人性殘酷嘆絕倫。
舉世帝王競殺術，推我毛酋第一人。

一六

父母之愛長江水，兒女之孝一擔挑。
為人不知自防老，空屋冷榻夜嚎啕。

一七

世人不懼天涯遠，囊肥到處可成家。
大言跨海興國業，妻兒望眼卜無答。

一八

各拜神佛築洪溝，恩行善意反成仇。
殊路終將歸真體，莫仗虛說喋不休。

一九

貧富人家意趣同，鳳凰為女子成龍。
龍愚鳳蠢雙親淚，強似越洋化白熊。

二〇

貧戶富家意趣同，鳳凰成女子成龍。
龍疾鳳鈍雙親淚，強似越洋化白熊。

二一

慾壑難填人性崩，親情骨肉等棄蠅。
性愛泯滅同禽獸，白髮佝僂一場空。

二二

今世功利彌全地，古人風範不勝學。
雖曾不食折腰米，污吏之前我稱佛。

二三

牛鬼神蛇聚一朝，弄舌接耳縱眉梢。
幕鐘醜劇成空幻，天上人間共嚎啕。

二四

旦生淨末集一身，皮笑弄權一昏君。
我恨戀國未遠遁，老學陳子欲出塵。

二五
吾與斯人晦同年，一愛書法一弄權。
賣書易米吾不取，恃勢唇動便是錢。

二六
壯年忿去白頭還，仍見污塵罩海天。
自誓不聞敗國政，八方消息刺骨寒。

二七
金牛賄得民意代，忠良不屑與國政。
主席意在臺獨權，佞人愈獲昏主歡。

二八
島政迷離夢亦勞，一人無能百姓嚎。
未聞朵雲能蔽日，不信驟雨歷終朝。

二九
海峽波亂兩岸迷，愛恨交融時存疑。
不信蠢背炎黃統，自穿龍袍百姓欺。

三〇

起伏蔓延兩峽山，雲據浪湧氣相關。
寸誠既可弭牆鬩，百代興衰一念間。

三一

辱國喪權西太后，殺民以逞毛澤東。
中華興亡應何兆，斬首斷肢無火燈。

三二

無誠無真笑面虎，有奸有詐長尾狐。
癱肢欲文不成字，秀才違反惟集聯。

三三

亂象滿朝島欲沉，元老新貴畏昏君。
兩千萬人啼笑非，想見荊軻拔劍人。

三四

驚濤駭浪一危舟，八方有岸不回頭。
問爾究欲何處去，煤山樹下烏江喉。

三五

幾度英雄幾度囚，善惡一念亂恩仇。
淚雨香煙親情重，來世頑童可點頭。

三六

舉世惡行招神怨，阿蘇山口欲噴煙。
可憐人性如木石，不見烈燄不跪天。

三七

文人爭譽帝爭權，貴胄富賈利相連。
百姓人人成芻狗，待看權勢獨昇天。

三八　寫梅偶感之一

昨方咒旱今成洪，御史無知哮政風。
惟有梅花不膚淺，雨多雨少貫始終。

十一、鑑誡

一

常言勸百忍，何若早識空。
我性化佛性，荊棘開芙蓉。

二

萬象原為空，空中仍有物。
貪慾成罣累，澹泊平坦路。

三

行善非求報，渡人無巧言。
日常皆是道，何必入佛山。

四

事有終身憾，人有不解緣。
貴能隨遇樂，其餘任蒼天。

五

捨盡方知有，能悟始入空。
雖空當有為，日落聽黃鶯。

六

政途一念誤，皆緣一情痴。
待見天地空，披髮盡銀絲。

七

聲色瞬轉空，美食過肚腸。
閑居安中樂，遠遊險裡忙。

八

儒取佛仙各一天，人人迷惘歧路邊。
誰能珍惜今日福，已識真諦結諸緣。

九

世事人情幾變遷，得失布算鬢髮斑。
萬里奔馳天涯路，積財未必子孫賢。

一〇

不信驟雲能蔽日，未聞立閃耀終宵。
暖風與起冰雪化，且從因果看今朝。

一一

恨見小丑弄私權，不信立閃耀終宵。
春暖地蘇冰雪化，且從因果看今朝。

一二

未聞烏雲永蔽日，不信立閃耀長宵。
春暖到時冰雪化，且從因果看今朝。

一三

目矇骨障泣無言，日聞朝野鬼弄權。
書人一死明心志，藏劍焚舟兩為難。

一四

淡淡之交日所求，無須奇果與珍饈。
謹言諄禮古人訓，慎防一語即成仇。

寇培深年譜

民國八年（一九一九年）　一歲

農曆正月十二日生於山東省青州市（古稱益都），乃青州世家。祖父研青公，爲清甲辰翰林。學識淵博，精書畫、富收藏，專研律法，曾受聘日本法政大學主講清律法七年；乃父顯庭公能嗣家學，督教頗嚴；母唐淑芳，系出名門；外祖父沁眉公曾任海牙會議中國代表，爭取膠州灣歸還中國。兄妹四人，先生行長。

民國十一年（一九二二年）　四歲

啓蒙，由研青公親授四書、五經、春秋、左傳、史記等。直至九歲，均在私塾受教。先生天資聰慧，凡所讀經書，過目成誦，皆有所會通，人稱小神童。

民國十二年（一九二三年）　五歲

隨研青公習書法，臨虞恭公碑、雲麾將軍碑、顏眞卿、柳公權等。研青公收藏充棟，先生隨旁曬書畫、學鑑賞、辨眞僞，識見日增。

民國十六年（一九二七年）　九歲

研青公病逝，舉家遷居青島，入讀西鎮小學。隨二舅唐璞（名建築家，曾任重慶大學校長）、表哥金知人研習鄭文公、楊大眼、張遷、二爨、南北二銘、石鼓，以及聖教序等碑帖，根基深植。校舍題字榜聯，每由師長抱之現場揮毫。

民國二〇年（一九三一年）　十三歲

入德國同善教會在華所辦私立禮賢中學接受西式教育。在學六年，師王學嘉以其微薄薪資之大半購碑帖贈先生，促其臨摹，並鼓勵先生棄工程學藝術。每憶及此，先生感懷良多。

先生在校甚爲活躍，舉凡書法、繪畫、篆刻、桌球、足球、籃球，乃至京劇（擅長黑頭），靡不精通，書畫尤爲出類拔萃，甚得師長賞識。事隔廿餘年，同班同學蔣君宏教授赴德拜訪昔日校長蘇保志（SEUFERT），憶及往事，年邁校長「只記得寇培深一人」。

民國二五年（一九三六年）　十八歲

與那畹蘅小姐訂婚，恭請世界知名學人——中國首任觀象局局長蔣丙然福證。

民國二六年（一九三七年）　十九歲

禮賢中學畢業後，與同學劉之俊同考取燕京大學，旋因七七事變，北京情勢危急，倉促攜燕大入學證回返青島大學借讀。復因戰亂，再轉往上海大同大學，先讀化工系，後轉土木系，與陳哲霖（陳立夫之侄）結爲患難好友。上海保衛戰起，又轉赴廣東中山大學就讀。因婚變氣極成疾，離校至衡陽療養。中大高一班學姊劉月端因戰事受阻於途，聞先生亦在衡陽，乃留居衡陽照顧先生，自此情愫日深，終結連理。先生雖在病中，學業並未荒廢，病稍癒，即返校參加畢業考，竟名列前矛。

民國三二年（一九四三年）　二五歲

中大畢業後，於戰亂中跋涉千山萬水，經數月始抵重慶。沿途目睹日軍種種暴行，極爲悲憤，乃將所見繪成流亡圖，以抒心中積憤，惜畫作遭火劫，悉數焚毀。抵重慶後，出任青年女子農校校長。

民國三三年（一九四四年）　二六歲

離開農校，任職資源委員會。

民國三四年（一九四五年）　二七歲

抗日戰爭結束，隨嚴前總統家淦先生來台辦理接收。初任交通處港灣科科長，旋調基隆港務局工程師，後升任蘇澳港主管、花蓮港代局長等職。

民國三六年（一九四七年）　二九歲

二二八事件，因先生操守清廉，平易近人，深受民眾愛戴而善加庇護，未受波及。

民國三七年（一九四八年）　三〇歲

先生任事認眞，事必躬親，因修港工程，長年浸泡海水中，致罹患嚴重風濕症而請辭，改行業商。

民國三八年（一九四九年）　三一歲

先生母親攜其小弟搭船返回青島故居，詎料大陸局勢逆轉，父母因而滯留大陸，此後未再相見，此爲先生畢生之痛。

民國四三年（一九五四年）　三六歲

爲探尋父母及治療風濕，舉家移居日本。後輾轉獲悉父母音訊，乃不時匯款，聊盡人子之心意。

自四十三年至五十九年止，十六年間，經營貿易、飯店。飯店位居東京御茶之水，是政商學宴客之所，雖三歷火劫，俱於灰燼中重建。先生與學生論書時，曾笑稱其一生所長：做菜第一，唱戲居次，畫梅第三，書法最末。

先生忙於商務同時，未忘書畫創作，並傾力收藏中國古代字畫精品計八千餘件。受家學耳濡目染，先生鑑賞眞僞，立論具懾服力。此外，在這期間結識了影響他在書畫藝術方面至深且鉅的馬晉三、陶萃權、王克昌、梁國裕等諸先生。

書畫之創作，在日本政經界、僑界頗具盛譽。前首相中曾根康弘、田中角榮、幹事長二階堂進、藏相渡邊美智雄、文相藤尾正行、農相大野明、眾議院議長福田一、環境長官鯨岡兵輔等，俱以求其墨寶懸飾辦公室爲榮。前首相中曾根康弘於連任閣揆時，即立於先生所贈榜書「協和時中」下演說，先生在日，書名益盛。

民國四四年（一九五五年）　三七歲

於東京結識名畫家張大千先生，談書論畫，甚爲投契。先生作陪遍遊日本名勝古蹟，認「天橋立」爲最佳。

民國五九年（一九七〇年）　五二歲

長子車禍喪生，先生心灰意冷，乃將事業交予次子經營。返臺，專事書畫創作，並教授書法，肩承文化薪傳之重責大任。結識丁治磐、臺靜農、劉延濤、王壯爲、姚夢谷及六六畫會成員吳平、周澄、馬晉封、李大木等書畫界名流。其中尤以姚夢老對先生有如伯樂之於千里馬，時相探古論今，先生書藝更是精進。同年認識陳曉珍小姐，日後先生詩書畫有成，多得其助力。

民國六六年（一九七七年）　五九歲

於國立歷史博物館舉辦清及民國名家對聯收藏展。

民國六七年（一九七八年）　六〇歲

應聘日本東亞學院教授書畫。因糖尿病引發視網膜出血，左眼失明。

民國六八年（一九七九年）　六一歲

由陳曉珍小姐陪同至日本九州太宰府、陸中海岸、伊豆半島、京都、大阪等地寫生，此時作品署名爲「泰山」。

先後在大阪、蘆屋、中國飯店、山王飯店舉行個展，甚獲好評，展後至伊豆半島熱川溫泉靜養半年。

是時，仍遍遊日本梅林、梅園、梅圃，觀賞梅之千姿萬態以爲創作題材，並刻「賞遍天下梅花」印一方紀念。

民國六九年（一九八〇年）　六二歲

右眼出血，張大千先生建議返臺治療，並推介榮總眼科主任林和鳴大夫診治，病情大有改善，由幾乎全盲，至能見三步之遙，兩人遂結爲好友。

於日本原宿會館舉行書畫個展。

民國七〇年（一九八一年）　六三歲

於國立藝術館舉行在台首次書畫個展，隨即於日本BE研究所舉行書畫個展。

民國七一年（一九八二年）　六四歲

於國立歷史博物館舉行書法個展。受託以中華民國代表名義至美國白宮致贈雷根總統及參眾兩院各一幅巨梅圖。因趕繪畫作，三晝夜不眠不休，導致眼底出血，醫師告誡須善自調養，遠行恐有失明之虞。惟先生仍堅決親赴白宮送贈巨梅圖，美方由眾議員麥唐那代表接受，圓滿完成國民外交之任務。

返臺後，接連帶領學生遠赴台南香蕉山梅嶺，觀賞百年臥梅奇姿，因勞累過度，眼底大量湧血，半年不能作畫。
於日本熱海修善寺舉行書畫個展。
獲僑委會頒贈海光獎、文化復興委員會特別貢獻獎。
應邀至孔學會書法班講授書法。
民國七二年（一九八三年）　六五歲
於日本全國經聯舉辦書畫個展，應聘爲經聯講師，主講中國藝術、哲學及美學，同場講學者有福田一氏、宮澤喜一氏、鈴木治維氏、川上哲郎氏等。
與姚夢老等至臺東各社教團體，示範揮毫。
受邀至歷史博物館書法班講授書法。
民國七三年（一九八四年）　六六歲
榮獲第九屆國家文藝獎（書法類）。
元月於國立歷史博物館舉行梅畫個展。
十一月於日本京都美術館舉行書畫個展。
民國七四年（一九八五年）　六七歲

受聘出任歷史博物館書畫評審委員、全省美展評審委員及中華民國畫學會秘書長等職。

二月於日本西武美術館舉行書畫個展。

六月創立中國書學苑，志在傳承書畫。

九月於日本小松西武美術館舉行書畫個展。

舉辦全國梅花巡迴展。

民國七五年（一九八六年）　六八歲

元月，不幸中風，左手腳麻痺，經數月調養復健，未盡康復，即恢復書班上課，並書「弱體返少年，壯志到九十」聯以自勵。

受邀由教育部暨孔孟學會合辦之全國教師書法研習班講授書法。

於國父紀念館舉辦中國書學苑學生習作展。

民國七六年（一九八七年）　六九歲

應邀至田家炳文教基金會書法班授課，並舉辦學生習作展，後基金會與中國書學苑合辦書法班，共傳書道。

應聘至國立政治大學中文系講授書學，至八十年再度中風方止。

民國七七年（一九八八年）　七〇歲

年初於日本原宿會館舉行第二次書畫個展。

九月應北京中國畫研究院之邀舉行書法個展暨專題演講，另與名畫家吳作人、何海霞、鄧琳（鄧小平之女）合繪梅花一幅。

贈鄧小平先生赤壁懷古六扇屏字。

十月與田家炳文教基金會董事同遊香港，參觀田氏企業。

民國七八年（一九八八年）　七一歲

二度與田家炳基金會董事會董事赴琉球旅遊。

帶領中國書學苑學生及眷屬暢遊拉拉山森林區。

民國七九年（一九九〇年）　七二歲

於國軍文藝活動中心與田家炳基金會合辦中國書學苑師生書法聯展。

民國八〇年（一九八六年）　七三歲

受聘全省美展委員會評議委員，直至仙逝。

獲資深文藝工作者獎。

二度中風，左半身癱瘓，眼底出血，幾近全盲。

在又盲又癱狀況下，仍亟思創作書法以自娛娛人，臨筆之際，每需由人攙持始可站立；起筆亦需由人扶手落筆，歷時三年半，此期作品署名「盲叟」。直至完全無法站立，才轉而寫詩。兩三年間，詩作逾千首，大多口述，由陳曉珍小姐紀錄，偶爾嘗試自行書寫，惟字跡重疊扭曲，多不成篇。詩作由鄭文惠教授主編，並委交田家炳文教基金會、中國書學苑發行，文史哲出版社出版。

民國八一年（一九九二年）　七四歲

於國父紀念館中山畫廊與田家炳文教基金會合辦師生書法聯展。

民國八二年（一九九三年）　七五歲

於國父紀念館中山畫廊與田家炳文教基金會合辦師生梅畫聯展。

民國八三年（一九九四年）　七六歲

於台北縣新店市三民路創設「泰山堂」，以方便中國書學苑同學集會研習書學。

民國八七年（一九九八年）　八〇歲

五月三日因糖尿病併發症仙逝。

國家圖書館出版品預行編目資料

寇培深詩聯集 / 寇培探著, 鄭文惠主編. -- 初版.
-- 臺北市 : 文史哲, 民 90
面; 公分
ISBN 957-549-360-5 (平裝)

851.486 90006936

寇培深詩聯集

著　者：寇　培　深
主　編：鄭　文　惠
發行者：田家炳文教基金會
　　　：中　國　書　學　苑
出版者：文　史　哲　出　版　社
登記證字號：行政院新聞局版臺業字五三三七號
印刷者：文　史　哲　出　版　社
臺北市羅斯福路一段七十二巷四號
郵政劃撥帳號：一六一八〇一七五
電話 886-2-23511028・傳真 886-2-23965656

實價新臺幣 五〇〇元

中華民國九十年五月初版

ISBN 957-549-360-5